Rüdiger Safranski

Klassiker!

Ein Gespräch über
die Literatur und das Leben
mit Michael Krüger
und Martin Meyer

Carl Hanser Verlag

1. Auflage 2019

ISBN 978-3-446-26396-3
© 2019 Carl Hanser Verlag GmbH & Co. KG, München
Umschlag: Peter-Andreas Hassiepen, München
Motiv: saemilee/iStock
Satz: Kösel Media GmbH, Krugzell
Druck und Bindung: CPI books GmbH, Leck
Printed in Germany

MIX
Papier aus verantwortungs-
vollen Quellen
FSC® C083411

Inhalt

Herkunft, Kindheit, Schulzeit   7
Studium in Frankfurt und Berlin 37
Rote Zelle Germanistik 55
Berliner Hefte, E. T. A. Hoffmann 69
Fragen des Kanons 75
Deutsche Schicksale, deutsche Kultur 91
Wie schreibt man eine Biographie? 125
Standortbestimmungen 131

Herkunft, Kindheit, Schulzeit

Michael Krüger: Wir fangen bei der Geburt an.

Martin Meyer: Oder noch besser bei der Zeugung.

Rüdiger Safranski: Bei der Zeugung, ja, ja, genau.

MM: Die erste Frage kann, ja muss dann doch lauten: Wie kommt es, dass einer, der nach dem Krieg in einer kleinen württembergischen Provinzstadt geboren wurde, wo es wahrscheinlich nicht groß um Literatur ging und auch sicher kaum um Philosophie, sein Leben später dem großen und erhabenen Narrativ des deutschen Geistes um 1800 widmet?

RS: Wir Safranskis sind ja eine Flüchtlingsfamilie, auf einmal waren wir in Württemberg, in Rottweil, in einer an sich katholischen Stadt, und um uns herum, in den Flüchtlingskreisen, sind alle evangelisch, davon ziemlich viele Pietisten. Weil sie so streng waren, nannte man sie später in der Zeit des Vietcong Pietcong. Ich wurde in Rottweil geboren, war sogar noch von einem Bombenangriff betroffen. Da fiel dann zwar keine Bombe, aber ich wurde als kleines Baby in den Bombenkeller geschafft und habe alles heil überstanden, außer einem Ohrschaden, den ich seitdem habe: Das ist gewissermaßen ein Kriegsschaden, dass ich auf einem Ohr schlecht höre. Gezeugt worden bin ich aber in Königsberg während eines illegalen Fronturlaubs meines Vaters, wie ich später herausbekommen habe. Er ist von der Ostfront an die Westfront versetzt worden, unterwegs in Königsberg hat er mich wohl eilig gezeugt, denn er musste am nächsten Tag wieder weiter. Meine Mutter floh im Sommer 1944 aus dem noch unzerstörten Königsberg mit meiner kleinen Schwester, der Großmutter und mit mir in ihrem Leibe. Ich bin also pränatal vor den Russen geflohen. Wir gehörten zu den Heimatvertriebenen. Es gab ein schönes Buch in den frühen zweitausender Jahren, *Kalte Heimat*, da hat Andreas Kossert untersucht, wie eigentlich die Integrationsgeschichte der Flüchtlinge im Nachkriegsdeutschland abgelaufen ist. Als Kind bekam ich davon doch einiges mit, vor allem den Umstand, dass zu Hause Hochdeutsch geredet wurde und in der Schule Schwäbisch.

MK: Wo kam denn die Familie deines Vaters her?

RS: Die Vorfahren meines Vaters verlieren sich irgendwo in den polnischen Sümpfen im 19. Jahrhundert, mehr wissen wir nicht. Interessanter ist die mütterliche Linie. Die hießen Schleiminger und lebten im 18. Jahrhundert noch im Salzburgischen, bei Schladming. Sie waren Protestanten und wurden von dem offenbar ziemlich fanatischen, katholischen Erzbischof verjagt. Konfessionelle Säuberung eben. Der Preußenkönig, der Vater von Friedrich dem Großen, nahm sie Anfang des 18. Jahrhunderts in Ostpreußen auf. Dort siedelten sie und wurden Bauern, aber ein Teil ist aus Heimweh wieder zurückgekehrt, sie hielten das flache Land dort nicht aus. Verwandte von uns haben herausbekommen, dass diese Schleimingers aus dem Salzburgischen dorthin einst geflohen waren aus den verwüsteten Landstrichen Schwabens während des Dreißigjährigen Krieges. Mit der Flucht der Familie 1944 aus Ostpreußen nach Schwaben schließt sich also ein Kreis über drei Jahrhunderte hinweg. Flucht und Vertreibung – der Wahnsinn der europäischen, der deutschen Geschichte.

Als kleiner Junge merkte ich durchaus, dass wir zu einer Diaspora gehörten. Zwar hatte ich sonst wenig Probleme mit meinen Schulkameraden, ich war eigentlich vollständig integriert. Aber dann beobachtete ich bei meinen Eltern, dass sie meist mit den Heimatvertriebenen zusammen waren und von der Restbevölkerung in Rottweil kaum angenommen wurden. Es gab eben Vorbehalte. Ich persönlich habe das in der Schule erlebt. Wenn das Klassenbuch angelegt wurde, musste jeder seinen Namen sagen. Da meldeten sich dann die Schmelzles und Häberles und wie sie alle regionsüblich hießen, und dann kam der Safranski. Wie heischt du? Safranski? Gang amol an die Tafel und schreib des auf. An dieser Sonderbehandlung, wenn ich als Einziger an der Tafel meinen ungewöhnlichen Namen aufschrieb, bemerkte ich, dass da etwas Besonderes vorlag.

MK: Und welchen Beruf hatte der Vater?

RS: Der Vater war Jurist, hatte in Königsberg studiert, kam aus einer kleinbürgerlichen Familie, alles wurde zusammengekratzt, damit er studieren konnte. Er hatte den Referendar gemacht und wollte dann aber nicht in den nationalsozialistischen Staatsdienst. Das habe ich erst viel später herausbekommen. Er war kein Widerstandskämpfer, doch da er den Staatsdienst vermeiden wollte, bereitete er sich darauf vor, in einer Anwaltskanzlei zu arbeiten. Das war kurz vor dem Krieg.

MM: Wo spielte sich das ab?

RS: In Königsberg. 1938 wurde er zum Wehrdienst eingezogen, weil er nach dem Referendariat und ohne Staatsdienst ja »frei« war. Er war dann im Krieg und zwei Jahre in französischer Kriegsgefangenschaft. Als er wieder nach Hause kam, hatte er das Problem, dass er nicht im Staatsdienst gewesen war – man stellte zuerst diejenigen ein, die drinnen geblieben waren. Er musste eine Familie ernähren, und so hat er dann erst einmal in der Fabrik gearbeitet, und dann hat er umgelernt, eine kaufmännische Ausbildung absolviert und später dann als Prokurist gearbeitet. Es gab also neben der Deklassierung als Flüchtling auch noch eine berufliche Deklassierung. Die habe ich gespürt, wenn in der Schule gefragt wurde, was der Vater für einen Beruf habe. Ich sollte antworten, schärfte mir meine Mutter ein, »Jurist«, weil das besser klingt. Auf die Nachfrage, was denn für ein Jurist, konnte ich dann nicht antworten. Sehr peinlich!

MM: War die Mutter auch berufstätig?

RS: Ja, sie war bei der Post. Dass die Mutter berufstätig war, kam ja eher selten vor, das musste man rechtfertigen.

MM: War sie dort in der Verwaltung beschäftigt?

RS: Ja, und sie hat das wohl ganz gerne gemacht. Um den Haushalt und die Kinder, meine Schwester und mich, kümmerte sich eine Großmutter, die Mutter meines Vaters, und deswegen konnte meine Mutter arbeiten. Und mit dieser Großmutter kommen wir schon auf die Spur der geistigen Prägung. Diese Großmutter war nämlich richtig pietistisch. Das war nicht dieser schwäbische Pietismus, sondern der womöglich noch strengere ostpreußische. Wenn ich sie mir heute auf alten Fotos anschaue, muss ich an den späten Beethoven denken, so sah sie aus. Sie war ja nun auch schon alt, aber doch noch sehr rüstig und hat uns mit allen Mitteln in diese pietistischen Kreise hineingedrückt. Am Sonntag traf man sich immer am Nachmittag um zwei Uhr bei den Pietisten zur Gebetsstunde. Da saßen dann in einem kleinen Gemeindesaal drei, vier ältere Männer, manche mit Bart, und legten das Wort Gottes aus. Dreißig, vierzig Leute, meistens auch ältere Leute hörten ihnen zu. In meiner Erinnerung handelte es sich oft um düstere Themen, Offenbarungen Johannis und so weiter, sehr apokalyptisch. Auf mich wirkte es einschläfernd. Das Ganze hatte so etwas Sedierendes, etwas Beruhigendes. Ich denke jedenfalls nicht mit Schrecken daran, nur war es eben so, dass der Weg am Sonntag um zwei Uhr von den Safranskis zu diesem Ort, wo die Bibelstunde stattfand, an eine Gabelung führte. Dort musste man rechts abbiegen, und genau an dieser Abzweigung war das Kino. Und das Kino hatte am Sonntag immer um zwei Uhr Jugendvorstellung. Wenn wir mit der Großmutter kamen, standen meistens ein paar meiner Klassenkameraden vor dem Kino, aber wir bogen eben rechts ab, statt Kino Bibelstunde.

MM: Das dürfte bei den Kameraden aber eher Mitleid erzeugt haben …

RS: Na ja, eher vielleicht Spott. Es gab eben zwei Wege, wie das meine Großmutter und ich dann auch sahen, der weltliche und der geistliche, der von ihr so genannte »ernste«. Hier also der Ernst, dort das Lotterleben des Irdischen, des Weltlichen und so weiter. Dass es diese beiden Welten gibt, das war entscheidend. Nun muss ich aber sagen, dass meine Mutter ganz und gar weltlich war, eher eine Frohnatur, die auf Vergnügen aus war.

MM: Dann folgere ich messerscharf: Das Fröhliche stammt von Mutters Seite.

RS: Ja, das habe ich wohl von meiner Mutter. Auch der Vater hatte mit den Pietisten nichts am Hut. Er sagte jedem, der es hören wollte, er sei ein Heide. Ich erlebte nun diese beiden Welten nicht als eine zerreißende Spannung. Meine Schwester, die etwas älter ist, die vielleicht auch noch stärker unter dem Einfluss meiner Großmutter stand, hat das eher als Konflikt erlebt. Ich konnte die eine Welt mit der anderen offenbar ganz gut ausbalancieren. Sie relativierten sich wechselseitig.

MK: Und wie lange musstet ihr das aushalten?

RS: Bis meine Großmutter 1961 starb. Da war ich fünfzehn. Mit ihrem Tod verschwand die pietistische Welt, doch die »geistliche« Einvernahme hörte nicht ganz auf, denn ich war auf einem humanistischen Gymnasium mit zahlreichen katholischen Theologieanwärtern, Internatsschüler der Eucharistiner und Franziskaner. Eine hervorragende Schule übrigens, ich habe dort viele Anregungen bekommen. Hebräisch war fakultativ, Lateinisch, Griechisch Pflicht. Englisch lief nebenher und wurde so unterrichtet, als sei es auch eine tote Sprache. Die Schule war demnach stark humanistisch-theologisch geprägt. Das Vergangene in jeder Form wurde sehr gepflegt.

MK: Aber es war ein staatliches Gymnasium, ein normales staatliches Gymnasium.

RS: Ein normales staatliches Gymnasium mit sehr guten Lehrern. Inmitten der katholischen Theologieaspiranten entschied ich mich dann selbst schließlich auch für die Theologie, die evangelische, versteht sich.

MM: Nochmals kurz zu den zwei Wegen. Im Religionsunterricht wurde damals und noch länger gelehrt, dass sich der Mensch unter Anleitung Gottes für das Gute, mit der Verführungskraft des Teufels hingegen für das Böse entscheiden könne. Wie reagierte da der junge Rüdiger – etwa wenn ihm die weltlichen Attraktionen wie das Kino mit einem Plakat von Elke Sommer näherrückten?

RS: Ja, ja, doch ich hatte das Gefühl, ich gehöre zu zwei Welten, zu zwei Sphären. Ich war mit meiner Großmutter bei den Pietisten und begleitete die alten Leute dort auf dem Harmonium. Aber ich war natürlich auch in der anderen Sphäre. Nicht nur als Zaungast. Das Kino zumal wurde für meine intellektuelle Entwicklung höchst bedeutsam. Es gab damals den sogenannten Stadtjugendring, eine Art Jugendparlament und Jugendkabinett mit einem kleinen Budget für Veranstaltungen. Ich war der Filmbeauftragte. Meine Aufgabe war, für einen Mittwoch in jedem Monat einen Film auszusuchen für eine preisermäßigte Vorführung. Ich musste also die einschlägigen Kataloge studieren, und was ich dann auswählte, war fast immer sogenannte Filmkunst, für die ich maßlos entflammt war.

MM: Intellektuell.

RS: Das war intellektuell. Wir schreiben das Jahr 1962, da kam die Neue Welle aus Frankreich, schon die frühen Truffaut-Filme und die Godard-Filme, oder auch die alten Carné-Filme. Da gab es dann Bücher, mit denen habe ich mich kundig gemacht. Das Ganze war eine recht erfolgreiche Geschichte. Allerdings hatte ich zu oft untertitelte Filme im Programm, deshalb ist mir irgendwann das junge Publikum aufs Dach gestiegen. Carné beispielsweise liebte ich über alles, dessen Filme gab es nur untertitelt, etwa den legendären Film *Die Nacht mit dem Teufel*, eine Troubadour-Geschichte, unwahrscheinlich schön. Heute ganz vergessen. Für meine Rottweiler aber denn doch zu ambitioniert. Ich versöhnte sie mit einem anderen legendären Film, *Jazz an einem Sommertag*, Das Jazzfestival von Newport, als sie alle noch da waren, die Mulligans, Brubecks, Petersons. Mit diesem Sound und Swing entließ ich die Rottweiler Schüler dann in die Ferien.

MM: Das zeigt nun aber, dass du schon damals Führungsfunktionen wahrnehmen konntest.

RS: In bescheidenem Maße, kann man sagen. Das hat mir auch wirklich großen Spaß gemacht. Gewiss wollte ich in Sachen »Filmkunst« auch ein wenig missionieren, aber hauptsächlich ging es mir um die Entdeckung einer neuen, sehr anziehenden Welt. Die anderen wollte ich einfach mitnehmen. Dabei habe ich viel gelernt.

MK: Zurück zur Schule. Das war also ein Gymnasium mit gemischten Klassen, Buben und Mädchen.

RS: Gebremst gemischt. Wir hatten vier Mädchen in der Klasse, mehr nicht. Am Ort war auch noch ein reines Mädchengymnasium, das Droste-Hülshoff-Gymnasium, das nannten wir dann trostloser Hühnerhof.

MM: Hmmm …

RS: Ich war an meiner Schule sehr glücklich. Die sogenannten dumpfen fünfziger, frühen sechziger Jahre? Nicht bei uns an der Schule. Ein neuer Lehrer, eine intellektuelle Kapazität, hatte doch tatsächlich den Mut, Anfang der sechziger Jahre, zum Attentat des 20. Juli, in der Aula einen großen Festakt zu veranstalten. Das war damals noch sehr ungewöhnlich. Es gab ungefähr zur selben Zeit auch eine Extravorführung des Filmes *Mein Kampf* von Erwin Leiser. Die Schüler waren fast verpflichtet, ihn zu besuchen. Unser Geschichtslehrer hat einen sehr ambitionierten Geschichtsunterricht gemacht, zum ersten Mal bemerkte ich, dass sich Geschichte nicht nur nacherzählen, sondern auch durchdenken lässt. Das war überhaupt ein eindrucksvoller Mann. Ein katholischer Intellektueller, würde ich heute sagen. Er brachte zu jeder Unterrichtsstunde ein Blatt Papier mit, eine durchgängige Darstellung des jeweils Behandelten. Er schrieb nämlich gerade an einem Buch über die Geschichte als Drama der Säkularisierung, darüber also, wie die alte Ordnung Europas sich auflöste mit den Katastrophen des 20. Jahrhunderts als Folge davon.

MM: Der Abfall von Gott, der Sturz in die Weltlichkeiten.

RS: So sah er es, doch es war nicht einfach kirchenfromm. Das waren ungeheure Dimensionen, die sich da auftaten. Was alles untergeht, wenn die überwölbende Sinnglocke von Kirche und Geist verschwindet. Die Darstellung hatte Format, das war vielleicht einseitig, doch stringent gedacht, das merkte ich schon damals. Ich habe mir diese Papiere aufbewahrt und sie vor einiger Zeit wieder einmal angeschaut und war immer noch beeindruckt.

MM: Zwischenfrage: Du bewahrst solche Dinge auf – bist du ein archivalisches Temperament?

RS: Nein, eigentlich bin ich das nicht. Aber diese Blätter waren bedeutend, das ahnte ich, und deshalb habe ich sie aufbewahrt. Das war Geschichte als intellektuelle Herausforderung, dargeboten von einem wirklich leidenschaftlichen Lehrer. Übrigens nahm dessen späteres Leben einen tragischen, fast romanhaften Verlauf. Er liebte seine Arbeit sehr, wurde dann Rektor an der Schule, hatte aber einen ganzen Stall voller eigener Kinder und einen Drachen zur Frau.

MM: Das kommt ja tatsächlich vor.

RS: Bei ihm lief das dann so, dass er sich nicht mehr nach Hause traute und in seinem großen Rektoratszimmer übernachtete, zuerst das eine oder andere Mal, dann hauste er fast ständig dort mit Anzeichen von Verwahrlosung. Den mussten sie dann richtig abtransportieren. Den Professor Unrat im Roman haben sie aus der Kneipe geholt, meinen Geschichtslehrer holten sie aus dem Rektorat, wo er sich verschanzte. Traurig. Er starb dann auch bald.

MK: Sag noch ein Wort zu den Mitschülern. Kann man sich die Schule vorstellen wie ein Stift von lauter Hochbegabten, oder war das eine ganz normale Schule? Was ist aus deinen Mitschülern geworden?

RS: Sehr viele kamen aus diesen katholischen Internaten. Die Kirche durchkämmte das Land auf der Suche nach Begabten, doch zumeist Unbemittelten, um ihren Nachwuchs zu rekrutieren. Das Niveau an der Schule war ziemlich hoch. Es gibt immer noch Klassentreffen. Deshalb weiß ich, dass aus recht vielen etwas geworden ist. Mit manchen stehe ich noch in Verbindung, einer beispielsweise ist Professor für katholische Theologie in Münster, immer noch Franziskaner. Wenn wir uns in den ersten Jahren nach dem Abi trafen, holte er aus seiner braunen Kutte einen Obstschnaps hervor, er kam aus dem Schwarzwald. Ich hatte damals noch einen anderen Freund, Norbert, der gehörte nun nicht zu dieser eher katholisch geprägten Mitschülerschaft, sondern der war aus Frankfurt gekommen und brachte skeptischen, aufklärerischen Geist mit, sehr elitär, auch von oben herab. Er rezitierte Stefan George, mokierte sich aber auch über ihn, im Stil von Arno Schmidt, wie ich später bemerkte. Dieser Freund war ein wenig älter und hat nicht nur mich verzaubert. Er öffnete eine neue Welt. Er war mein »großer Meaulnes«, er glich ein wenig jener rätselhaften, lebensverwandelnden Titel-Figur aus dem wunderschönen gleichnamigen Roman von Alain-Fournier. Zu Norbert hatte ich ein sehr intensives, erregendes Verhältnis. Es wurde aber schwierig, als wir mehr und mehr intellektuell konkurrierten und er außerdem eine Freundschaft mit meiner Schwester begann, was unsere Beziehung noch zusätzlich verkomplizierte. Er war sehr wichtig für meinen Bildungsgang; von ihm hörte ich zum ersten Mal von Erich Kästners Roman *Fabian*. Das war eines seiner Kultbücher. Von Norbert hörte ich auch den Namen Adorno. Ein Fabelwesen. Er hatte ihn mit einem großen Strohhut im Schwimmbad gesehen.

MM: Im Frankfurter Schwimmbad. In der Lebenswelt der Durchschnittsvergnügungen …

RS: Adorno im Schwimmbad. Dann hörte ich ihn auch im Südwestfunk, in der Sendung »Die Aula«, am Sonntagvormittag, das war kulturelles Hochamt.

MM: Um welche Themen ging es?

RS: Über Gott und die Welt, wie immer in dieser Sendung, so will es mir heute vorkommen. Unvergesslich auch Karl Barth, ebenfalls in der »Aula«, vielleicht der größte Theologe des 20. Jahrhunderts, seine berühmten Gefängnispredigten. »In der Welt habt ihr Angst, ich aber habe euch bei meinem Namen gerufen, ihr seid mein«, so begann er, sehr schweizerisch.

MM: Der große und gestrenge Basler Theologe.

RS: Ja, Basel, wo auch Jaspers nach 1945 lehrte, einen Stock darüber. Auch ihn hörte ich ergriffen in der »Aula«. Und auch das legendäre Gespräch Adorno/Gehlen.

MM: Wunderbar, ja, ein seltsamer Brückenschlag über die politischen Lager hinweg.

RS: Unvergesslich, wie der Herrenreiter Gehlen, sonor und zynisch, begann: »Herr Adorno, wir sind doch bestimmt einer Meinung darin, dass der Mensch von seiner Freiheit überfordert wird.« Und dann Adorno, unendlich beredt, präzise, verschlungen, seinem Kontrahenten recht gebend und dann auch wieder nicht. Man wurde ganz schwindlig dabei. Mit der »Aula« jedenfalls war der Sonntag gerettet. Eine Wundertüte von Anregungen. Ein Echoraum ohnegleichen. Man hörte die Geister wie von weit her und sah sie doch vor sich. Hier muss ich noch etwas von meinem Deutschlehrer erzählen, der übrigens ein ausgebildeter Philosoph war. Der kam zu uns als Referendar und hat uns außerhalb der normalen Schulzeiten einen Extra-Literaturkurs angeboten. Dort habe ich übrigens zum ersten Mal Kafka gelesen. Ich schrieb auch meine Hausarbeit über Kafka. Dieser Lehrer hatte bei Heidegger studiert. Dazu muss man wissen, Heidegger kommt aus Meßkirch, das ist nicht weit von Rottweil, also meine heimatliche Region. Der Lehrer hatte einige der späten Privatvorträge von Heidegger gehört. Die kleine Schar der Hörer, so erzählte er, sitzen schon zusammen in einem Raum, fast nur eine Stube, es ist Winter, sie warten. Heidegger ist noch nicht da. Verspätet öffnet sich die Tür, und aus der Winternacht tritt Heidegger, schneeüberstäubt, nimmt den Mantel ab, schüttelt ihn aus, im Nu ist der ganze Raum von einem Schneegestöber erfüllt. Und dann fängt Heidegger an, er spricht über Hölderlin. Heidegger kommt aus der Winternacht, bringt ein Schneegestöber mit und spricht über Hölderlin. Das war zunächst mein Bild von Heidegger. Es kontrastierte mit dem Bild von Adorno im Schwimmbad mit Strohhut.

MM: Die Herren wussten freilich auch, wie sie sich selber inszenierten. – Noch eine andere Frage: Warst du ein guter Schüler, wolltest du ein guter Schüler sein?

RS: Ich war am Anfang ein durchschnittlicher Schüler, war dann aber in den letzten drei Jahren ziemlich gut. Da hatte ich in Deutsch, Geschichte, Religion und so weiter lauter Einsen. Mit Mathe hatte ich immer ein Problem, Latein war in Ordnung, Englisch grausig. Wo mich etwas fesselte, da war ich wirklich gut.

MK: Noch zwei Fragen zu frühen Lektüren. Das kam alles aus der Schule? Was las man in der Schule? Klassiker? Und was las man unter der Bank?

RS: Ja, in der Schule lasen wir die Klassiker, etwa Schillers *Don Carlos,* Goethes *Iphigenie*. Wir lasen das Übliche, das damals Gültige.

MK: Wie weit ging das damals Übliche?

RS: Das damals Übliche, der damals übliche Kanon ging, sagen wir mal, bis Gottfried Keller und Wilhelm Raabe.

MM: Fontane?

RS: Bis zur Jahrhundertwende. Stefan George war dabei. Unser Lehrer brachte einen dieser bibliophilen Gedichtbände mit, zur Anschauung. Sogar noch der Expressionismus gehörte zum Stoff, ein paar Gedichte wenigstens; auch noch Thomas Manns *Tonio Kröger*, damit war dann Schluss. Kafka, wie gesagt, wurde in einem freiwilligen Zusatzkurs gelesen. Auch Hans Erich Nossack, der mittlerweile fast vergessen ist, wurde dort gelesen, die rätselhafte Erzählung »Das Mal«. Dieser Autor war ja wohl der letzte Mohikaner einer zugleich existentiellen und literarischen Metaphysik. Wie ich ja überhaupt sagen muss, dass mich schon damals eine Literatur anzog, die in irgendeiner Weise noch etwas Metaphysisches, Spirituelles in sich trug, eine unterschwellige Religiosität, deshalb auch Kafka. »Die Welt hinter der Welt«, das war mein Ausdruck für das, was mich anzog in der Literatur. Auf eigene Faust entdeckte ich Günter Eich, vor allem die »Träume«, fabelhafte Hörspiele, doch auch seine Gedichte, »Botschaften des Regens« etwa. Das alles galt nicht als schöne Nebensache, das hatte eine Aura. Wer davon angezogen war, gehörte zu den Eingeweihten, mitverschworen in einer geheimnisvollen Welt. Ein wenig so, wie in dem Film *Der Club der toten Dichter*. Die Literatur leuchtete.

MK: Mich würde interessieren, ob diese späteren Leidenschaften für Schiller und Goethe und E. T. A. Hoffmann, für die Romantik, ob das in der Schule schon angelegt war oder ob der Unterricht eher ein Programm war, das man abarbeiten musste und das einen nicht besonders interessierte, wie mich zum Beispiel, der damals lieber Faulkner und Hemingway las.

RS: Nein, das ging mir nicht so. Der Schiller zum Beispiel wurde mir durch den Schulunterricht nicht verleidet, wie es vielen passiert ist. Vom *Don Carlos* wurden natürlich nur einzelne Stellen behandelt, auch mit verteilten Rollen gespielt, doch ich fand das so spannend, dass ich zu Hause das ganze Stück durchgelesen habe. Das Gleiche gilt für Goethes *Faust*. Damals kam Gründgens' *Faust*-Verfilmung in die Kinos. Wir gingen mit der ganzen Klasse hin, danach wurde in der Eisdiele diskutiert. Der Lehrer gab sogar eine Runde Weinschorle aus. Also die kanonische Literatur war kein Schrecken. Ich habe mindestens Respekt vor diesen Autoren bekommen, manchmal war sogar Liebe dabei. Das gilt besonders für E. T. A. Hoffmann. Gelesen wurde *Der Sandmann*, samt Freuds grandioser Interpretation.

MK: Und die lokale Weltliteratur, Johann Peter Hebel?

RS: Johann Peter Hebel lief sozusagen unter Heimatliteratur. Das bedeutete bei den Lehrern nichts Herabsetzendes, bei uns Schülern schon eher. Hebels Bedeutung ist mir erst später aufgegangen, nicht zuletzt durch Benjamin, Bloch und Heidegger, die einträchtig diesen *Rheinischen Hausfreund* gerühmt haben. Es gab auch noch, aus diesen regionalen Bezügen heraus, Waggerl. Der war zwar ein Österreicher, wurde aber bei uns eingemeindet. Ein Lehrer besonders hat ihn immer hochgehalten, trotzig gegen eine Welt von Feinden, die ihn unterschätzten. Wir sollten wohl rekrutiert werden. Doch daraus hat sich nichts weiter ergeben.

MK: Und der Existentialismus? Wann kam der dran, wann wurde der erste Camus, der erste Sartre gelesen? Das war für uns, für mich, 1962, 1963. Wir konnten nicht genug davon bekommen.

MM: *Das Sein und das Nichts* und dann natürlich auch *Der Ekel*.

RS: Daran erinnere ich mich gut, diese Ausgabe im Ullstein-Taschenbuch, wo drei große Essays von Sartre zusammengefasst sind. »Der Existentialismus ist ein Humanismus.«, »Materialismus und Revolution« und »Betrachtungen zur Judenfrage«. Gelesen habe ich den Band ungefähr 1963, also noch vor dem Abitur. Wir haben darüber in der besagten Eisdiele heiß diskutiert, eine mitgebrachte Flasche Wodka hielten wir unter dem Tisch versteckt. Eindrucksvoll war auch die Verfilmung von *Das Spiel ist aus*. Das Schwarz-Weiß gehörte unbedingt dazu. Farbfilme galten von vornherein als Kitsch. Wir verachteten sie. Auch die Literatur, die wir liebten, war gewissermaßen Schwarz-Weiß. Kult war natürlich auch Camus, *Der Mythos des Sisyphos*. Auch das noch vor 1964. Das las man, so begegnete einem der Existentialismus. Ich las diese Literatur als Ermunterung, sich als Einzelner zu erfahren, als Aufforderung, sich nicht im Kollektiv zu verstecken. Eindrucksvoll der Gedanke, dass der sogenannte »Sinn« einem nicht einfach gegeben ist, sondern dass man ihn selbst schaffen muss, aus Freiheit und ohne höhere Absegnung. Die Faszinationsgeschichte Existentialismus ist für mich immer noch nicht beendet. Wenn das Pubertät sein soll, dann bin ich immer noch nicht aus der Pubertät heraus.

MM: Da kommt man in die Pubertät und ein bisschen drüber hinaus und sucht und prüft seine eigene Freiheit und findet dort die Literatur, die das irgendwie noch unterstützt. Aber ich möchte da noch etwas aufgreifen, was du vorher gesagt hast: sich nicht verstecken im Kollektiv, und das jetzt zeitgeschichtlich bezogen. Also frühe sechziger Jahre, es begann dann ja auch ganz langsam mit den Fernsehsendungen, nämlich die Aufarbeitung der Gräuel des Nationalsozialismus. Alles ein sehr langsamer Prozess, auch zum Teil ein verdeckender Prozess. Es blieb sehr viel noch unter der Decke. Ein Movens der Studentenbewegung von '68 war in Deutschland auch, das alles eben wieder ans Licht zu bringen. Wie weit wurde das Thema für dich schon damals virulent? Wie weit war das gesellschaftlich schon fassbar als das Thema der sogenannten Vergangenheitsbewältigung?

RS: Ich habe schon gesagt, dass an der Schule der Leiser-Film gezeigt wurde. Dann erinnere ich mich noch, dass ich in meiner Schulzeit mit großer Betroffenheit die Berichte vom Auschwitz-Prozess las. Wir hatten, ich komme immer wieder darauf zurück, richtig gute Lehrer. Wir hatten einen Religionslehrer, der es als seine Aufgabe angesehen hat, fortlaufend über den Auschwitz-Prozess zu berichten und ihn zu kommentieren, und wir haben den Band aus dem Fischer Verlag, *Die Dokumente des Nationalsozialismus*, herausgegeben von Walther Hofer, durchgearbeitet. Zum ersten Mal las ich den grauenhaften *Gerstein-Bericht* über die Vernichtungslager, über die Wannsee-Konferenz und über die Bekennende Kirche. Der Lehrer wurde später Professor in Weingarten. Ein liberaler Geist, theologisch kam er von Bultmann her. Nationalsozialismus, Aufarbeitung der deutschen Verbrechensgeschichte war also wirklich ein Thema in der Schule, das mag untypisch gewesen sein, aber es war so. Die Herausforderung durch die Geschichte wurde angenommen.

MK: Und zu Hause?

RS: Zu Hause eher nicht, aber es war auch kein Tabu. Mein Vater ging mit den beruflichen Nachteilen durch die Nazis, von denen ich vorhin erzählt habe, nicht hausieren. Das musste man ihm eher herauslocken, oder ich musste mir das auch zurechtreimen.

MK: Aber er war immerhin fünf Jahre Soldat. Wurde darüber gesprochen?

RS: Wenig, wenig. Da war er nicht besonders erzählfreudig. So ein paar Sachen erzählte er. Da war ich noch ein kleiner Junge und spitzte die Ohren. Es hörte sich an wie Abenteuergeschichten.

MM: Das ist sehr interessant. Ich hatte eine Großmutter, die aus Bayern stammte. An ihr und an ihren Verwandten, die immer noch dort lebten, konnte ich schon als Sechzehn-, Siebzehnjähriger etwas ablesen: Scham und Unbehagen. Es gab eine Form von kollektiver Scham gegenüber dem Holocaust und seinen Ungeheuerlichkeiten. Doch der Vorgang war noch nicht in breitem Ausmaß öffentlich wirksam geworden. Erst das Fernsehen erzeugte weit herum Aufklärung. In den Dokumentationen des Schwarz-Weiß-Fernsehens waren plötzlich die Vernichtungslager zu sehen, die Zehntausende von Menschen, die dort umgebracht worden waren. Das gewann nun eine Anschaulichkeit, die vorher gar nicht vorstellbar gewesen wäre. Und langsam und dann schneller setzte ein Bewusstseinsprozess ein, der aber nur allzu häufig noch weniger in das Gewissen der Schuld mündete, sondern in Gefühlen der Scham verblieb. Und so jedenfalls auch in dieser Familie, wo die Katastrophe selten ein Thema wurde, mit dem man sich genauer und analytisch auseinandergesetzt hätte.

RS: Wo wir jetzt darüber reden, fällt mir ein, mein Vater war ja im Verein der Heimatvertriebenen der Ortsvorsitzende. Bei Weihnachtsfeiern und auch sonst habe ich am Klavier begleitet, wenn diese schwermütigen Weisen gesungen wurden: »Abends treten die Elche aus den Dünen« oder das Ostpreußenlied: »Land der dunklen Wälder …«. Mein Vater hielt bei solchen Gelegenheiten auch Ansprachen. Da nahm er Stellung gegen den sogenannten »Revanchismus«. Deutschland hat den Krieg angefangen und Schlimmes angerichtet, sagte er, und deshalb gibt es keine Rückkehr. Im Verein sowieso, aber auch in der Familie war das nicht unumstritten. Die Großmutter mütterlicherseits kam aus bäuerlichen Verhältnissen, sie war eigentlich eine sehr sanfte Frau, doch sie wollte, das kann man ja verstehen, wieder auf ihren Bauernhof zurück. Das war keine politische Forderung, das gebot ihr die Selbstachtung und ihr Heimweh. In Gesprächen konnte sie dann schon mal mit meinem Vater zusammenstoßen. Mein Vater, in seiner oberlehrerhaften Art, redete ihr dann ins Gewissen: »Du musst das akzeptieren, hör auf mit dem Gejammere.« Er war vor dem Krieg Sozialdemokrat und ist es danach auch geblieben. Er vermied es in der Regel, in der konservativ-katholischen Umgebung in Rottweil seine politischen Sympathien allzu deutlich werden zu lassen. Als ich einmal in einem Schulaufsatz die CDU brav gerühmt hatte, bemerkte er nur: »Unsinn!«

MK: Die deutsche Teilung spielte also auch nur in diesem Schuldverhältnis eine Rolle?

RS: Gewiss. An die Teilung hatte man sich, im Westen jedenfalls, gewöhnt. Ihre Absurdität fiel kaum auf, uns Kindern und Jugendlichen sowieso nicht. Es war guter Brauch, auch bei uns, Päckchen »nach drüben« zu schicken. Was damals SBZ und dann DDR hieß, das war aus der Perspektive des Südwestens unendlich fern. Ich springe einmal kurz in die Zeit nach 1989: Bei meinen Besuchen zu Hause, meine Mutter lebte inzwischen auf der Schwäbischen Alb in Reichenbach, in der Nähe von Rottweil, da spürte ich sehr deutlich die Abwehrhaltung der Leute dort gegen die eigentlich als Zumutung empfundene Maueröffnung. Als die DDR-Flüchtlinge kurz vor dem Mauerfall in einem ehemaligen Landschulheim untergebracht wurden, hörte ich von den Leuten: »mir hänt jetzt au Russe bekomme.« Die DDRler waren für die Schwäbische-Alb-Leute also Russen. Es gab schlicht kein wirkliches Zusammengehörigkeitsgefühl mit ihnen. Deswegen habe ich damals in Diskussionen gesagt, vor dem deutschen Nationalismus braucht man sich nicht mehr zu fürchten. Die Zusammengehörigkeit ist keine Herzensangelegenheit mehr. Im Südwesten jedenfalls hätten sie sich lieber mit den Nordschweizern und Elsässern vereinigt als mit den Brandenburgern. Die nationale Kohärenz ist geringer, als man gewöhnlich denkt.

MK: Eine Frage gehört noch in diesen Komplex. Außer den Großmüttern, der Mutter und der Schwester kam noch keine Frau vor.

RS: Ja, da sage ich gleich was dazu. Ein paar Sätze möchte ich vorher noch über meine Großmutter mütterlicherseits sagen, die mit dem Heimweh nach Ostpreußen. Sie war wirklich eine sehr liebe Frau. Sie konnte so wunderbar erzählen. Die andere, der späte Beethoven, das war die Pietistin. Diese sanfte Heimweh-Oma aber hatte den ganzen Liebreiz des Erzählens. Ihre Geschichten konnte man immer wieder hören, und sie hatte so viel zu erzählen.

MK: Das gibt es viel zu selten, weil sich keine mehr zur Oma ausbilden lassen will.

RS: Nun zu anderen Frauen, zu den Mädchen. In der Schulzeit kamen keine großen Verliebtheiten vor. Ich erinnere mich an die Tanzstunde. Das Arrangement war wie früher beim Start der Rennen in Le Mans, dort die Autos in einer Reihe, hier die Fahrer. Und die mussten dann zu ihren Autos sprinten.

MM: Darwinismus plus Lotterie.

RS: Dort also standen die Mädchen, hier standen wir, und dann ging es eben darum, wer wen am Anfang erwischte, bei der blieb man dann hängen, wenn auch nicht ein Leben lang. Da das direkte Gegenüber nicht immer die erste Wahl war, sprintete man kreuz und quer, und so kam es zu Verwicklungen im Zwischenraum. Ich blieb dann an einer hängen, die war nun wirklich nichts zum Verlieben. Man musste die Tanzstundenpartnerin ja auch immer nach Hause bringen. Meine wohnte leider weit außerhalb von Rottweil, doch ein Schulfreund, der in die gleiche Richtung musste, nahm sie dann mit. Die erste große Liebe aber, die war dann wirklich großartig. Das war unmittelbar nach dem Abitur, damals wollte ich ja noch Theologie studieren. Da gehörte es dazu, ein diakonisches Jahr statt des Wehrdienstes zu absolvieren.

MM: Das ist ja auch eine vernünftige Alternative.

RS: Das fand ich auch. Ich wollte Theologie nicht studieren, um die Bundeswehr zu vermeiden, ich wollte wirklich Theologie studieren. Es war keine tiefe Gläubigkeit im kirchlichen Sinne, sondern es war eine intellektuelle Faszination, und zwar eben durch solche Figuren wie Karl Barth. Und auch Paul Tillich, den ich damals für mich entdeckt hatte, übrigens auch durch die »Aula«-Sendung. Tillich ist für mich bis heute bedeutsam. Jacob Taubes nannte ihn einmal den Dionysiker der Theologie.

MK: War Tillich aus dem Exil zurückgekommen?

RS: Nein, er war in Amerika geblieben und kam nur zu Besuchen nach Deutschland. Neben Thomas Mann und Albert Einstein ist er ja der Dritte, der in Amerika eine beispiellose Karriere gemacht hat. Paul Tillich schaffte es ja dort auf den wohl angesehensten Lehrstuhl, den das Land zu vergeben hat, nämlich auf einen Lehrstuhl in Harvard, der auf kein Fachgebiet festgelegt ist, sondern fürs Allgemeine, fürs Große und Ganze, zuständig ist. Auf dieser Lehrkanzel also saß Paul Tillich. Er war übrigens auch ein begnadeter Frauenversteher.

MK: Weiß Gott.

RS: Der hätte heute in der Me-too-Debatte ganz schlechte Karten. Hannah Arendt soll zu ihm gesagt haben, als er ihr zu nahe trat: »Paul, lass mich die Ausnahme sein.« Eigentlich will ich von meiner großen Liebesgeschichte erzählen, bin aber erst einmal an meinem diakonischen Jahr hängen geblieben, das als Vorbereitung auf das Theologiestudium diente, das auch durch Paul Tillich für mich so attraktiv geworden war.

MK: Was wurde da gemacht in diesem Jahr? Was habt ihr da gelernt?

RS: Es dauerte dann doch nur ein halbes Jahr. Eine wichtige Zeit.

MK: War das eine kirchliche Hochschule?

RS: Nein, ich arbeitete in einem Heim für »schwer erziehbare Kinder«, wie es damals hieß, im Schwarzwald, in der Nähe von Freudenstadt. Da gab es ein Haus für Mädchen und eines für Jungen und eine angegliederte Schule. Unterteilt war das Ganze in sogenannte Familien, wo jeweils Jungen und Mädchen der verschiedenen Altersstufen zusammenlebten mit zwei bis drei Aufsichtspersonen. Ich war eine davon. Es gab viel zu tun. Die Kleinen beaufsichtigen, bei den Schularbeiten helfen, auch in der Küche, bei der Wohnungsreinigung, abends vorlesen und so weiter. Weil die Erzieherin einmal krank wurde, hatte ich für eine gewisse Zeit die alleinige Verantwortung für eine »Familie«. Ich selbst war ja erst neunzehn. Das war wirklich ein Sprung ins kalte Wasser. Eine anstrengende Zeit, doch eingebettet in eine zauberhafte Landschaft, in der drei wichtige Dinge geschahen. Das erste war die praktische Bewährung in einer manchmal schwierigen Situation. Dann, zum zweiten, wurde mir in dieser Zeit auch klar, dass ich eigentlich nicht Theologie studieren möchte. Mich interessierte die Theologie weiterhin, aber ich wusste nun: Pfarrer wollte ich nicht werden.

MM: Das hätte auch das Praktische impliziert …

RS: Ja, alles, was zum Pfarrerberuf dazugehört. Das wollte ich nicht. Das dritte Wichtige, was geschah, war die erste wirkliche Verliebtheit, und von der wollte ich erzählen. Eine Holländerin mit dem schönen Namen Ada. Die arbeitete dort auch als Praktikantin, sie hatte gerade Abitur gemacht und wusste eigentlich noch nicht genau, was sie machen wollte. Es war ihr nur klar, dass sie irgendwann einmal weit wegwollte, beispielsweise nach Indien.

MM: Poona?

RS: Das war noch vor Bhagwan und dem Hippie-Pilgerzug zu ihm hin ... Diese Ada hatte eine unbändige Neugier. Uns war durchaus bewusst, dass unsere Liebesgeschichte wohl nicht von Dauer sein würde und dass die Wege sich trennen würden. Diese befristete Romanze kosteten wir mit aller Inbrunst aus, auch mit Wehmut, wenn im glücklichen Augenblick bereits der Abschied spürbar wird. Sehr romantisch das Ganze.

MM: Wenn du das *ex eventu* so darstellst, war das eigentlich extrem pragmatisch. Man weiß ja, dass man nicht wirklich zusammenkommt, und deshalb muss man sich kurzfristig besonders romantisch verhalten, und dann wartet bereits die Nächste.

MK: Wenn sie wartet.

RS: Aus dieser kurzen Begegnung folgte noch sehr viel mehr. Aber ich muss weiter ausholen, noch vor Ada, die ich 1964 kennengelernt habe. Damals las ich ein Buch eines holländischen Autors, Cees Nooteboom. Sein erster Roman, der in Holland *Phillip und die anderen* hieß und bei uns in der Übersetzung *Das Paradies liegt nebenan*. Wie ich den Roman eines noch völlig unbekannten holländischen Autors damals in Rottweil entdeckte, weiß ich nicht mehr. Es könnte sein, dass Norbert, von dem bereits die Rede war, mich darauf gestoßen hat, der bekam ja alles mit. Dieser Roman wurde für mich damals ein richtiges Kultbuch. Darin wird eine sehr romantische Liebesgeschichte erzählt. Der Protagonist sucht ein Mädchen mit indischem Gesicht und wird es immer wieder treffen, aber immer wieder verlieren. Ein sehr poetischer Roman über das Unerreichbare, über eine Sehnsucht, die nie ans Ziel kommt. Ich hatte damals ein Ritual entwickelt: Ich las das Buch jedes Mal vor, wenn ich mich neu verliebt hatte. So kam es, dass ich es einige Male in meinem Leben vorgelesen habe.

MM: Das war aber viel Aufwand bei unsicheren Aussichten?

RS: Ja, aber es hat sich gelohnt. Ich las das gerne vor. Aus diesem Buch entstand fünfundzwanzig Jahre später dann auch eine Freundschaft mit Cees Nooteboom. Ich glaubte inzwischen, der Autor sei tot, weil ich nie mehr etwas von ihm gehört hatte. Da sagte eines Tages meine Frau zu mir: Nooteboom lebt, der liest heute Abend in der Buchhandlung! Wir eilten hin, nach der Lesung zog ich mein zerfleddertes *Paradies*-Exemplar zum Signieren aus der Tasche, und Nooteboom zog meinen gerade erschienenen *Schopenhauer* aus der Tasche, den er geschenkt bekommen hatte. Er kannte mich natürlich nicht. So begann unsere Freundschaft. Durch dieses erste Buch Nootebooms hatte das Holländische für mich einen eigenartig romantischen Nimbus bekommen, eigentlich untypisch für die niederländische Literatur. Egal, für mich war das Holländische romantisch. Die Holländerin Ada trat damals also auf eine vorbereitete Bühne. Deswegen musste ich mich in sie verlieben. Einen Sommer hatten wir, dann trennten wir uns, unter Tränen und im Regen. Wir haben lange nichts voneinander gehört, aber wir haben uns, das ist ziemlich verrückt, zehn Jahre später zufällig in Amsterdam getroffen.

MM: Wie im Film.

RS: Ach, die Ada. Wir haben einen Abend am Hafen verbracht, Zärtlichkeiten, geredet und geschwiegen, dann wieder Ende, Abschied. Dreiundzwanzig Jahre später lasse ich sie im letzten Kapitel meines *Schopenhauer*-Buches auftreten, im »Englischen Hof«, wo der inzwischen berühmte Philosoph gerne tafelte. Dort sitzt sie also mit ihm zusammen und lässt sich von ihm den Identitätssatz A = A erklären. Schopenhauerkenner quälten mich mit der Frage nach der Quelle. Und was soll ich euch sagen, Ende der achtziger Jahre kam das Buch in Holland heraus, und dann schrieb eine Ada an den Hanser Verlag und bat um meine Adresse. Das geschah Mitte der neunziger Jahre, also dreißig Jahre nach unserer Romanze. Ihr Auftritt im *Schopenhauer* hat als Flaschenpost gewirkt.

MM: Großartig. Du bist ein Glückspilz.

RS: Wir verabredeten uns. Es war ein wenig wie im Traum. Sie zeigte mir ihr Amsterdam, einen langen Tag lang. Wir hatten beide das sonderbare Gefühl, dass diese Geschichte irgendwie stimmt.

MM: Das ist doch schön, wenn sich die Lebensverhältnisse so ordnen.

MK: Das ist wirklich schön.

Studium in Frankfurt und Berlin

Michael Krüger: Jetzt kommt der Entschluss zu studieren.

Martin Meyer: Frankfurt, und dann Berlin.

Rüdiger Safranski: Frankfurt, ganz klar, mein Freund Norbert ist auch nach Frankfurt gegangen. Deswegen wollte ich das auch, ich wollte Adorno hören. Ich immatrikulierte mich für Philosophie, Germanistik und Geschichte. In der ersten großen Vorlesung, das werde ich nicht vergessen, sprach Adorno über Geschichtsphilosophie. Wir schreiben jetzt das Wintersemester 1964/65, also deutlich noch vor '68, aber es lag schon etwas in der Luft. Adorno war ein Star. In diesem großen Hörsaal, im Hörsaal I ganz oben, saßen ungefähr 800 Leute. Zuerst kam die Schräge herab der Assistent, in leicht gebückter ehrfurchtsvoller Haltung, wie es bei den Assistenten damals noch üblich war. Er trat ans Mikrophon und sagte: Herr Adorno wird heute etwas leiser sprechen, er ist erkältet. Ich dachte: Das ist große Philosophie, wenn man das nicht mehr selber sagen muss, sondern der Assistent. Dann also kommt Adorno. Dieser große Kinderkopf. Er hatte ja was von einem Riesenbaby, mit großen, kullernden Augen.

MM: Wie der E.T. im Film.

RS: Dann diese Perlenschnüre seiner gesprochenen Prosa, sonor und unaufhaltsam. Ich hatte auch einmal Ernst Bloch gehört. Bloch schrieb so, wie er redete. Adorno redete so, wie er schrieb. Mit allen Hypotaxen, alle Sätze zu Ende geführt. Deswegen auch das nachgestellte »sich«. Denn wenn du das zu weit vorne bringst, bringst du den Satz nicht mehr ordentlich zu Ende. Adorno war ein Virtuose, ein Künstler des Vortrags. Wenn man auch nicht alles verstand, man bekam aber doch ein Gefühl für die Kostbarkeit der Sprache, die Unendliches umfassen kann. Man verstand, was man dereinst vielleicht verstehen würde. Man hörte auf Kredit.

MM: Hat er ein Manuskript gehabt, oder hat er frei gesprochen?

RS: Er hielt einen Schreibblock vor sich, in den er aber kaum hineinblickte, er sprach eigentlich frei. Ich lese bis heute sehr gerne seine Vorlesungen, von denen gottlob schon viele veröffentlicht sind. Wenn man ihn hörte, kam es einem so vor, als wäre man bei der allmählichen Verfertigung der Gedanken dabei. Seine geschriebene Prosa hat demgegenüber etwas Versiegeltes, fast Hermetisches. Beim Sprechen wurde das aufgebrochen. Absolute Präsenz, direkte Ansprache, durchsetzt mit den Höflichkeitsfloskeln: »Lassen Sie mich das einmal so sagen« oder »Sie werden mir nicht verübeln, wenn ich hier zurückgreife auf das und das« und so fort. Adorno sprach höchst artikuliert, doch vom Gestus her war es, als träte er nie fest auf, immer nur auf Zehenspitzen. Und seine Augen! Die wanderten, kullerten umher. Berühmt waren auch diese Szenen – das ist oft berichtet worden, und ich habe das wirklich erlebt –, dass eine gut aussehende Studentin kam, etwas zu spät, sicherlich beabsichtigt, und sich in eine Sitzreihe zwängte. Adornos Blick, seine Augen, wanderten mit, bis sie Platz gefunden hatte, und dabei redete er ohne Unterbrechung weiter. Die Gedanken gingen ihre eigenen Wege und die erotische Aufmerksamkeit auch. Das gehörte zum überwältigenden Eindruck. Bei Adorno lohnte es sich ganz einfach, ihn nicht oder nur annähernd zu verstehen. Er gewann dadurch sogar. Man wusste: da muss man geistig erst noch hineinwachsen. Vor '68 war man auch noch bereit dazu.

MM: Im Grunde genommen war das wie die Fortsetzung der Befriedigung deiner spekulativ-theologischen Interessen; gerade wenn man sagt, dass man auch nicht alles verstehen muss oder soll. In der Liturgie versteht man ja auch nicht alles. Zugleich entsteht dieser geheimnisvolle Raum, in welchem man seine eigenen Gedanken entfaltet. Und es läuft ein wenig in die Richtung der Mystik. Damit hat Adorno natürlich sehr viele Leute fasziniert, die dann ihre eigenen Projektionen dazu weiterentwickelt haben, vielleicht sogar eine sekundäre Religiosität.

RS: Das stimmt. Es gibt bei Adorno etwas Krypto-Religiöses. Da spürte man ein Geheimnis. Er selbst nannte es das »Nichtidentische«. Da war gewiss auch eine Art von Verhüllung im Spiel.

MM: Auf sehr andere Art, wie es Heidegger ebenfalls praktizierte.

RS: Auf sehr andere Art, wie Heidegger. Zwar gab es zwischen Adornos »Nichtidentischem« und Heideggers »Sein« eine Verwandtschaft. Doch war bei Adorno alles durchtränkt mit Soziologie. Soziologie ist ja heute zum Teil wirklich nur noch Erbsenzählerei, kein Geist, kein Gedanke. Statt Fragen nur noch Umfragen. Ganz anders Adorno; die Gesellschaft, die er begrifflich entfaltete, war kein Reduktionsraum, sondern eine Sphäre des Geheimnisses und der Verhexung. Das Gespinst der »Vermittlungen«, welches das Denken herausfordert. Man hatte das Gefühl, an etwas unendlich Tiefes zu rühren, was man gar nicht so richtig begreifen kann, und das auch bei vordergründig eher robusten Themen aus der verwalteten Welt, Städtebau, öffentliche Verkehrsmittel, Fernsehen, Sexualtabus. Zur Hochform aber lief Adorno auf bei literarischen, ästhetischen Themen. Einer der ersten Texte von Adorno, die ich las, war ein Aufsatz »Zum Gedächtnis Eichendorffs«.

MK: Das war ein sehr guter Aufsatz, den auch ich geliebt habe.

RS: Ein wunderbarer Aufsatz.

MK: Weil das der Aufsatz war, der Eichendorff verteidigt hat, nachdem Leute wie Arno Schmidt ihn im Mörser zermahlen haben.

MM: Ja, genau.

MK: Also wirklich in einer brutalen und sehr deutschen Weise. Der Kritiker Adorno dagegen war der Retter von Eichendorff.

MM: So war Adorno eigentlich ein gar nicht so versteckter Romantiker, ein Schelling-Fortsetzer im Zeichen der Kritischen Theorie.

RS: Gut gesagt. Mich jedenfalls elektrisierte dieser Gedanke, dass man die gesellschaftlichen Vermittlungen, wie es da heißt, im Innersten, in der inneren Logik des poetischen Gebildes entdecken muss. Dass man also den Bezug auf Gesellschaft nicht als einen Bezug entdeckt, bei dem etwas heruntergebrochen, reduziert wird, sondern bei dem das Ganze, was immer man darunter versteht, im Inneren der poetischen Sphäre sich spiegelt. Adorno nähert sich Eichendorff behutsam, liebevoll, fast ehrfürchtig. Nicht als ungehobelter Besserwisser, von denen es gerade in der Soziologie nur so wimmelt. Was Adorno einem damals elementar beigebracht hat, ist erstens, dass das Poetische, die Kunst, etwas ist, wo man mit dem Herzen, aber auch mit subtilem Verstand dabei sein sollte, und dass es, zweitens, etwas ist, das Ehrfurcht einfordert. Weil es etwas ganz Besonderes ist, hat Adorno so hingebungsvoll sein ganzes hegelianisches gesellschaftstheoretisches Instrumentarium benutzt, um eine Art minimalinvasive Behandlung eines Gedichtes vorzunehmen. Dabei war Adorno immer auf der Suche nach dem spirituellen Glutkern, nach dem ominösen Nichtidentischen, in der Philosophie, in der Poesie, in der Musik. Das imprägnierte einen gegen jede Art Reduktionismus.

Genug Adorno. Ich ging von Frankfurt nach Berlin.

MK: Warum?

RS: Eigentlich nur, um mal nach Berlin zu gehen. Damals galt: Man musste einmal in Berlin gewesen sein. Ich wollte eigentlich im nächsten Semester wieder zurück. Es wurde aber ein halbes Leben daraus, Berlin von 1965 bis 2005. Die Verbindung zu Berlin ist immer noch nicht gekappt. Wir leben zwar in Badenweiler, haben aber deutlich mehr als einen Koffer, nämlich eine Wohnung in Berlin, für den Fall, dass einen wieder einmal die Sehnsucht nach dem Stadtneurotiker überkommt und man bereit ist, die am schlechtesten regierte Stadt Deutschlands eine Weile zu ertragen. Damals also, 1965, hielt mich Berlin fest, auch weil das begann, was man dann die 68er-Bewegung nannte. Dazu gibt es einiges zu sagen. Die erste Phase, etwa von 1966 bis 1970, habe ich als libertär, antiautoritär, höchst belebend erlebt, ein Aufbruch, ein geistiger Frühling. Und dann die zweite Phase, ab 1970, der Absturz in den Maoismus, in das Sektenwesen, autoritär und dogmatisch, diese neu gegründeten sogenannten kommunistischen Parteien, in denen alles verraten wurde, was dem ersten Aufbruch seinen Zauber gegeben hatte. Diese ungeheure Zäsur um 1970, ganz habe ich sie immer noch nicht begriffen. Was ich von Adorno gelernt hatte, also die Vermeidung von Reduktionismus, genau das haben wir verraten in den siebziger

Jahren, als wir einen vulgären Marxismus, einen primitiven Materialismus praktizierten. Ein Salto mortale in die freiwillige Selbstverdummung. Aus zwei Phasen mit deutlicher Zäsur besteht diese ganze Epoche, die oft fälschlich als eine bruchlose verstanden wird.

MM: Wir haben also die frühere, die libertäre Phase, während derer man die Freiheit gewinnt, auch die Freiheit in der Interpretation; und dann folgt die dogmatische Phase, die das Netz über alle Phänomene legt.

RS: Diese erste Phase, also ungefähr von 1965 bis 1970, war für mich geprägt durch das antiautoritäre Experiment. Beschwingend dieser neue Geist, auch die neue Frechheit. Ich habe damals, Vorbild war natürlich Kafka, einen langen Brief an meinen Vater geschrieben, in dem ich detailliert auf vielen Seiten nicht nur unser Verhältnis analysierte, sondern ihm meine neuen politischen Überzeugungen bekannte und erläuterte. Fast euphorisch glaubte ich, eine neue authentische Beziehung zu meinem Vater herstellen zu können. Auf Augenhöhe, wie man das heute nennt. Es wurde nicht viel daraus. Mein Vater hat eigentlich nicht darauf reagiert. Allenfalls ließ er mich machen, ohne Vorwurf. Mein Brief an den Vater gehört also in diese Zeit, die sonst von anderen großen Themen bestimmt war, Anti-Vietnamkrieg, Hochschulreform, sexuelle Befreiung, Notstandsgesetze und so weiter. Wichtig für diese Zeit war auch die neue Musik, die Popmusik aus Amerika und das mit ihr verbundene dionysische Lebensgefühl. Ich erinnere mich an die schönen Sommerabende und die tollen Partys, die man draußen am Wannsee gefeiert hat, dieses Gelöste und Beschwingte, unglaublich.

MM: Pop, Sex, Träume ...

RS: Und von den Beatles »Let It Be«. Es ging der Liebe gut. Noch war nicht der entsetzliche Ausdruck »Beziehungskiste« aufgekommen. Das Erotische war irgendwie viel leichter und einfacher.

MM: Für die Frauen auch? Oder vorwiegend für die Männer?

RS: Ich denke auch für die Frauen, in der ersten Phase, doch, doch. Dann die Wohngemeinschaften. Ich will euch eine Episode erzählen, die sehr charakteristisch ist.

MM: Höhle mit Labor.

RS: Wilhelm Reich wurde entdeckt und seine Sexpol-Bewegung.

MM: *Das Geheimnis des Orgasmus* ...

RS: *Orgasmusschwierigkeiten* hieß der Haupttitel, glaube ich.

MK: Pflichtlektüre!

RS: Ich wohnte damals im Studentendorf Schlachtensee. Dort gab es noch die Männer- und Frauenhäuser, alles säuberlich getrennt. Dieses Studentendorf war von den Amerikanern finanziert worden und ausgestattet mit einem Studentendorf-Parlament und einem Bürgermeister zur Einübung in Demokratie …

MM: Eigentlich das klassische Schweizer Modell.

RS: Mag sein, dann wäre das als ein eigener Kanton für Studenten gedacht gewesen.

MK: Die hatten in dieser Siedlung sogar ein eigenes Theater, das ziemlich berühmt war.

RS: Eigenes Theater?

MK: Theater A18, benannt nach dem Bus, der dort hielt. Es wurde unter anderem geleitet von Klaus Völker, dem späteren Brecht-Biographen und Vian-Herausgeber. Ich erinnere mich an eine großartige Aufführung von Boris Vians *Die Reichsgründer oder Das Schmürz.*

RS: Du warst auch mal dort in dem Studentendorf?

MK: Ich wohnte direkt daneben, ein paar hundert Meter entfernt.

RS: In der – wie hieß sie noch? Da gab es doch eine Schopenhauerstraße in der Nähe.

MK: Ganz genau. Ich wohnte in der Von-Luck-Straße, einer Nebenstraße, die führte auf den Waldfriedhof oben, wo Ernst Reuter lag und später Willy Brandt beerdigt wurde. Ein guter Platz für Pilze!

RS: Im Studentendorf fand also im großen Versammlungssaal eine Sexpol-Informationsveranstaltung statt. Hubert Bacia, eine einschlägige Koryphäe damals, referierte. Es war viel von Repression die Rede. Am Ende dieser Veranstaltung wurde ein Antrag gestellt, die Trennung in Frauen- und Männerhäuser aufzuheben; jubelnde Zustimmung, und noch am selben Abend begann die große Durchmischung. Das hat natürlich die ganze Situation in dem Studentendorf im Nu verändert. Jetzt gab es zwar keine Dauerorgie, aber eine neue, belebende Unübersichtlichkeit. Jedenfalls blickte die Verwaltung nicht mehr durch, wer wo und mit wem wohnte. Da und dort wurde auch nicht mehr die Miete bezahlt. Ein Durcheinander, das sich wie Anarchie anfühlte. Es begann aber auch eine Verwahrlosung.

MM: Einwurf: Wenn man die Fotos jener Zeiten anschaut, der Studentinnen und Studenten, als es theoretisch oft wirklich wild zuging, theoretisch ganze Institutionen in die Luft gesprengt wurden, dann wundert man sich heute, wie adrett die jungen Leute damals angezogen waren. Die Jungs hatten noch Krawatten um, die Mädchen hatten Glockenröcke an oder die Caprihose und eine Brille, die dazu passte. Das wirkte eigentlich ungeheuer zivilisiert, geradezu elegant. Täuscht dieser Eindruck?

MK: Das waren doch Studenten aus sogenannten »guten Familien«, die studieren wollten, wenn auch unter anderen Bedingungen. Es gab natürlich auch den harten Kern der Revolutionäre, die sich nicht an die Kleiderordnung hielten. Aber in meiner Erinnerung an diese Zeit – ich bin ja ungefähr ein Jahr älter – war vor allen Dingen diese unerhörte Erfahrung einer Zeit-Dehnung wichtig. Man hatte nicht nur fünfzehn Stunden zur Verfügung am Tag, sondern mindestens dreißig Stunden. Jeden Tag machte man eine neue Entdeckung. Man hatte die edition suhrkamp und andere Publikationen, man interessierte sich plötzlich für Ethnologie und las Lévi-Strauss, man interessierte sich für Psychoanalyse und Sexpol, für Ökonomie und Anthropologie und für die Dritte Welt. Jeden Tag ging sozusagen ein Fenster auf. Ich habe nicht studiert, deshalb war für mich alles noch überraschender. Ein großes Glücksgefühl. Jeden Tag habe ich etwas Neues gelernt, und am Abend ging ich dann ins Kino und habe mir die neuen Filme angeschaut oder war im Theater, in der Schillertheater-Werkstatt, wo Ernst Schröder in *Das letzte Band* das Spiel mit der Banane zelebrierte. In meiner Erinnerung herrscht das Gefühl vor, dass die Welt sich irgendwie anders drehte, während sie jetzt erstarrt ist.

RS: Du beschreibst das sehr schön, dieses Lebensgefühl. Das hatte etwas Beglückendes. Es änderte sich dann auch das Outfit. Bei der ersten Vietnam-Demo, wo zum Entsetzen der deutschen Spießer die berüchtigten, bei Hertie nebenan käuflich erworbenen drei Eier gegen das Amerika-Haus geworfen wurden, trugen manche Studenten, ich auch, noch Krawatte. Wir sahen aus wie wild gewordene Konfirmanden …

MK: Krahl sehe ich noch mit einer dünnen Lederkrawatte vor mir.

MM: Aber das war die erste Phase.

RS: Das war die erste Phase. Dazu gehört auch die unbändige Leselust, fast Lesewut. Vor der Mensa der FU gab es einen Markt, dort wurden Bücher verkauft, vor allem Raubdrucke. Da tauchten Sachen auf, die jetzt ganz selbstverständlich sind, aber damals eben noch nicht, zum ersten Mal Norbert Elias, *Der Prozess der Zivilisation*, als Raubdruck, oder Adorno/Horkheimers *Dialektik der Aufklärung*. Die Autoren wollten das Buch eigentlich aus dem Verkehr ziehen, weil es vor allem Horkheimer zu radikal war. Deshalb also der Raubdruck. Ein Kultbuch war Herbert Marcuses *Triebstruktur und Gesellschaft*. Auf ein theorielüsternes Publikum wirkte dieser spröde Titel anziehend. Es füllten sich die Bücherregale mit diesen Entdeckungen. Das wurde dann auch die große Zeit von Suhrkamp. Eine Horizonterweiterung ohnegleichen. Jeden Tag eine neue Theorie.

Und dann der Umbruch. Vieles änderte sich. Es tauchten

terroristische Fraktionen auf, Anarchisten, Spontaneisten, DKP-isten und schließlich Maoisten. Nicht alle waren Dogmatiker. Doch wer sich gegen die Dogmatiker wendete, geriet auch bald ins Dogmatisieren. Das Ganze wurde zur ideologischen Ansteckungsgemeinschaft.

MM: Gab es eigentlich auch Trotzkisten?

RS: Ja, ja, Trotzkisten gab es natürlich auch. Trotzkisten hatten besonders den Spaltpilz, es gab unüberschaubar viele trotzkistische Gruppen und Grüppchen. Eine kleine Anekdote. Wir wohnten damals, um 1970, in Berlin in einer Wohngemeinschaft, zehn Leute. Das war in Lichterfelde West am S-Bahnhof, eine schöne, alte Villa. Zuerst war die politische Zusammensetzung recht homogen. Dann begannen die Spaltungen und Zerklüftungen. Es gab in der Wohnung zwei Trotzkisten verschiedener Richtung, der linkssozialdemokratische SHB war vertreten, Maoisten, Spontaneisten, wie man die noch nicht Festgelegten nannte. Noch lebte man friedlich unter einem Dach. Wir hatten eine Riesenküche. Die beiden Trotzkisten waren besonders kluge Leute. Ich redete beim Frühstück viel mit ihnen. Ich schrieb damals für ein Organ, das anfangs noch für die ganze Linke wichtig war, *Rote Pressekorrespondenz* hieß es. Ich schrieb einen Zweiteiler gegen den Trotzkismus, denn ich war ja schon Maoist und bezog meine Informationen aus diesen Frühstücksgesprächen mit meinen Trotzkisten. Die Artikel waren nicht namentlich gezeichnet. Dann sitzen wir also wieder beim Frühstück zusammen, und meine beiden Trotzkisten lesen meinen Artikel, ohne zu wissen, dass er von mir ist und alle Informationen von ihnen selbst. Und sie erklären: Das ist natürlich alles ganz unverschämt, aber der Kerl, der das schreibt, ist richtig gut informiert.

Das war noch gewissermaßen die Kuschelzeit. Kurze Zeit später war es mit dem Frieden vorbei. Da geschah es dann, dass bei einer trotzkistischen Veranstaltung im Audimax der TU Maoisten mit Eisenstangen auf Trotzkisten losgegangen sind. Gottlob war ich nicht dabei.

MM: Das ist ja furchtbar. Schärfste Unterscheidung in Freund und Feind.

RS: Eine unglaubliche Verfeindungsgeschichte. Die einen trugen den Terror nach draußen, daraus wurde dann die RAF. Andere, vor allem diese kommunistischen Sekten, terrorisierten sich gegenseitig. An gesellschaftlichen Erfolg wurde nicht gedacht, es genügte, die konkurrierende Organisation auszustechen. Das Proletariat, auf das man sich immer bezog, war weit und breit nicht zu sehen. Und wenn es doch zu einschlägigen Begegnungen vor Werktoren kam, musste man aufpassen, nicht verprügelt zu werden. Wir, die Maoisten, wollten ja eigentlich Realisten sein. Unsere Argumentation: Wenn man wirklich etwas verändern und den Kapitalismus angreifen will, dann kann man das nicht als frei schwebender, kleinbürgerlicher Intellektueller. Wir müssen die Arbeiterschaft gewinnen. Also, raus aus dem Seminar und ran ans Werktor, um die Arbeiter zu agitieren. Das hielten wir für pragmatisch. Man nahm sich die kommunistische Arbeiterbewegung der zwanziger Jahre zum Vorbild und spielte sie nach. Dazu noch Mao Tse-tung und seine Kulturrevolution.

Die Kulturrevolution – sie war nicht nur bei uns Maoisten, sondern auch sonst in der liberalen Öffentlichkeit so angekommen, als würde hier ein kommunistischer Führer eine antiautoritäre Bewegung initiieren und anführen. Mao also als Ober-Antiautoritärer.

MM: Das war der Trick des Großen Führers: So hat er es ja auch verkauft.

RS: So hat er es verkauft. So wurde das fast überall im Westen geglaubt, obwohl man es schon ein bisschen besser hätte wissen können.

MK: Hier bei Hanser haben wir eine vielbändige Mao-Tse-tung-Gesamtausgabe gemacht, chinesisch-deutsch.

MM: Echt?

MK: Ja, man wollte wissen, was hinter den naiv-kryptischen Sätzen des Großen Vorsitzenden in seinem *Roten Buch* wirklich stand. Wir haben Aufklärung betrieben!

MM: Heute wahrscheinlich ein Sammlerstück.

MK: Ein wahres Sammlerstück, das wahrscheinlich kein Mensch gelesen hat, weil man schon vorher zu wissen glaubte, was darin stand. Wir haben damals ein Buch verlegt von einem amerikanischen Pädagogen, *Kindheit in China* von William Kessen, der ist nach China in die Schulen und Kindergärten gegangen und hat beschrieben, in welch subtiler Weise die Leute dort aufgeklärt und erzogen werden. Da war tatsächlich nicht von Mord und Totschlag und Umerziehung die Rede. Wir haben Hartmut von Hentig gebeten, ein Vorwort zu schreiben, das war doch der große Name, wenn es um eine humane Schule ging, und er hat dann einen dreißigseitigen Essay als Vorwort dazu geschrieben. Eine sehr wichtige Publikation in der damaligen Zeit, die auch ordentlich rezipiert wurde, obwohl keiner so recht wusste, warum nun ausgerechnet die chinesischen Erziehungsmethoden für die deutschen Kinder vorbildlich sein sollten. Dann rief mich Herr Hanser, mein nobler, liberaler Chef, an und sagte: Wir haben da ein Buch über die chinesische Schule im Programm, und meine Frau Lotte möchte sich mit Ihnen darüber unterhalten. Und dann musste ich hier in dieses Haus gehen, das früher sein Wohnhaus war, und über die Vorzüge der chinesischen Schulpolitik sprechen. Zum Mittagessen gab es kleine Hirschsteaks, die waren so groß wie ein Fingernagel.

MM: Nouvelle Cuisine für kluge Menschen …

MK: Man musste sich rechtfertigen für ein solches Buch. Aber da wir es nicht anders wussten, dachten wir ganz selbstverständlich, in China gibt es nach den Massakern der Kulturrevolution eine neue Generation, die ohne jede ideologische Verführung in der größtmöglichen Freiheit aufwächst.

MM: Genau. Und dies bestätigte Frau Hanser das gute Gewissen und ihre Vermutung oder jedenfalls die Hoffnung, dass die Dinge sich so zutrugen und dass man entsprechende Bücher verbreiten musste. Das war interessant im Zusammenhang mit '68 mindestens in der ersten Phase, die ja noch nicht die zynische war: Man konnte sich das gute Gewissen erwerben für vielerlei revolutionäre Aktivitäten. Man war fest davon überzeugt, dass die Revolution, sei sie maoistisch oder in Richtung der KPD oder trotzkistisch oder wie immer koloriert, eine gute Sache sei. In der Schweiz fand »1968« zeitversetzt etwas später statt und natürlich weitgehend ohne den starken legitimatorischen Hintergrund. In Deutschland ging es gegen die Väter und die Großväter und natürlich gegen alles, was nach 1945 verdrängt und unter den Teppich gesteckt wurde. In Frankreich war es der Protest gegen den Kolonialismus, gegen de Gaulles »Imperialismus«, gegen die reiche Bourgeoisie. In Amerika, wir haben schon darüber gesprochen, waren es Vietnam und die Apartheid. In der Schweiz protestierte man gegen den Strukturkonservativismus vor allem der Universitäten. Aber das Ganze trug auch Züge einer ziemlich saturierten Lifestyle-Bewegung »mutig« gewordener junger Männer. Man übernahm das meiste von den Deutschen, den Franzosen, den Amerikanern, und natürlich war man sich einig, dass Marcuses *One-Dimensional Man* ins Schwarze getroffen hatte. Aber dass der Tag – wie in Berlin – 36 Stunden haben könnte, das wäre in Helvetien niemandem ein- oder aufgefallen …

MK: Dafür hattet ihr wohl auch nicht unter den antiästhetischen Debatten zu leiden, die sich in Deutschland verheerend ausgewirkt haben.

RS: Eben. Darüber müssen wir reden. Die Kunst als Waffe, wie es hieß. In der dogmatischen Phase hatte man eine eindeutige Antwort. Kunst ist Luxus, wenn sie nicht dem sozialen und politischen Kampf dient. Am besten, man schafft sie ab oder die Künstler schaffen sich selbst ab. Es galt das Primat der Politik, also die politische Nützlichkeit.

MK: Wenn ich mit Klaus Wagenbach eine neue Ausgabe unseres Literaturjahrbuchs *Tintenfisch* zusammenstellte, saßen wir an seinem Küchentisch und haben uns die vorgesehenen Gedichte laut vorgelesen. In den hinteren Räumen wurde an politischen Büchern gearbeitet. Wenn diese Autoren dann bei uns in der Küche vorbeischauten, waren sie sprachlos, dass wir Gedichte lasen. Was macht ihr denn da? Was redet ihr denn da? Ich sagte: Das ist ein Gedicht von Ilse Aichinger. Sie sagten: Dient das dem Klassenkampf? In bestimmten Kreisen war die ästhetische Diskussion auf den Hund gekommen.

Rote Zelle Germanistik

Martin Meyer: Wir haben über die libertäre Phase der 68er-Bewegung gesprochen, dann aber auch über die dogmatisch sich verhärtende Zeit. Das hat sich in den verschiedenen Lagern vermutlich relativ ähnlich abgespielt. Du warst bei den Maoisten engagiert. Wieso kam es überhaupt zu dieser und nicht zu einer anderen Wahl?

Rüdiger Safranski: Da spielen einfach Zufälle eine ganz große Rolle. Bei den Germanisten, wie überall an der FU, hatten sich »Rote Zellen« gebildet. Zusammenschlüsse, die ihre jeweiligen Fächer »revolutionieren« wollten.

Michael Krüger: Rote Zelle Germanistik.

RS: Rote Zelle Germanistik, Rotzeg genannt. Wie es der Zufall wollte, versammelten sich gerade dort sehr viele Köpfe, die zum Teil gar nicht Germanisten waren. Etwa Christian Semler, ein hochbegabter Mensch, der war alles Mögliche, bloß kein Germanist. Solche Leute sammelten sich bei der schönen Literatur und ihrer zarten Empirie und forderten, man müsse in die Stadtteile gehen, die Bewegung hinaustragen auch in die Betriebe. Als der Edel-Maoismus intellektuell allgemein satisfaktionsfähig geworden war, berief sich die studentische Revolte auf einen Maoismus, als sei der eine antiautoritäre Bewegung gegen den Stalinismus. Mit dem Stalinismus wollten wir nämlich nichts zu tun haben.

Es gab da, was den Maoismus betrifft, ein heilloses Missverständnis. Sogar in der liberalen *Zeit* konnte man Ende der sechziger Jahre ein Riesengespräch lesen, das André Malraux mit Mao Tse-tung geführt hatte. Mao Tse-tung war damit auch im liberalen Milieu angekommen. Ich hörte einen Vortrag Sebastian Haffners an der FU über Mao Tse-tung als genialer Partisan. Das ist mir noch im Ohr geblieben, wie Haffner erklärte, man könne sich über das Ideologische lange streiten, fest stehe aber, dass Mao Tse-tung, erstens, nach Napoleon das größte militärische Genie sei und, zweitens, in die Geschichte eingehen werde als ein Roter Kaiser in der ehrfurchtgebietenden langen Reihe chinesischer Kaiser. Haffner verstand es ja, die Gegenwart in einen weiten Horizont zu rücken. Ich erwähne das nur, weil Mao Tse-tung heute als Massenmörder gilt. Das war damals nicht so. Jean-Luc Godard machte einen Film über die französischen Maoisten. Mao war wirklich auch im Westen eine intellektuelle Ikone. Was uns betrifft, so wollten wir uns unterscheiden von den Kommunisten, die jenseits der Mauer herrschten, mit denen wollten wir nichts zu tun haben. Der exotische, nicht der hausbackene Kommunismus reizte uns.

MM: Pankow und Moskau.

RS: Ja, möglichst weit weg. Damals tobte auch noch die Auseinandersetzung zwischen China und der Sowjetunion. Wir optierten natürlich für China.

Kurz etwas zur Organisation, bei der ich mitwirkte. Sie nannte sich zunächst KPD-Aufbauorganisation, KPD-AO. Die KPD war ja offiziell verboten in Deutschland, die DKP wurde zugelassen, das war eine Ostberlin hörige Gruppierung. Diese KPD-Aufbauorganisation bildete sich mehr oder weniger aus einem Kern der Roten Zelle Germanistik. Der Genius Loci spielte eine Rolle. War man in Heidelberg, wurde man Mitglied des KBW. Wer in Norddeutschland an der Uni war, wurde Mitglied des KB, des kommunistischen Bundes, wo Jürgen Trittin dabei war, der später bei den Grünen eine große Rolle spielte. Bei welcher Organisation man landete, war durchaus auch Zufall. Was übrigens nichts daran änderte, dass man sich erbittert bekämpfte.

MM: Das konnte mitunter auch Spaß machen. Aber war es deine ganz und gar persönliche Entscheidung, dich zu politisieren?

RS: Das gibt mir heute noch ziemlich viele Rätsel auf. Es gab einerseits natürlich so eine Art Gruppenzwang, man machte mit, weil man in der jeweiligen Clique war. Doch die Zäsur 1970 war wirklich einschneidend, fast wie ein Umschalten, vom Offenen ins Enge. Das gilt auch für das Literaturverständnis. Zuvor subtiler Marxismus à la Adorno oder, etwas robuster, Lukacs; dann Mao Tse-tungs Literaturreden in Yenan, wo simpelster und parteilicher Realismus gefordert wurde. Wir beteten das nach, wenn auch mit Bauchschmerzen. Die zarte Empirie der Literatur jedenfalls zählte nicht mehr. Aber wie kam es zu dieser freiwilligen intellektuellen Selbstmarginalisierung, zu solchen skandalös unterkomplexen Einstellungen bei uns, bei Leuten, die sich für klug hielten? Ich glaube, da ist einerseits etwas Psychologisches im Spiel. Vorher lebte man ziemlich anarchisch, unordentlich, ziemlich ›wild‹, und dann erschrak man vor der eigenen Courage. Man wollte auf vertrackte Weise wieder ordentlich werden. Man begab sich in die Disziplin einer Organisation, die man selbst aufgebaut hatte … Da gab es auf einmal einen Arbeitsplan von täglich zwölf, dreizehn Stunden. Man ging vor die Fabrik, verteilte dort Flugblätter, die kein Arbeiter wollte. Frustrationserlebnisse zuhauf, die man dann irgendwie kompensieren musste. Ich zum Beispiel hatte eine Nebenfreundin, bei der ich nach dem Flugblattverteilen in der Frühe noch schnell mal unterschlupfen konnte. Man übte Druck auf die anderen aus und wurde selbst gedrückt. Die Organisation war hauptsächlich mit sich selbst beschäftigt. Politische Arbeit nannte man das. Eine gängige Frage war damals: Wo arbeitest du politisch? Wer nicht in diesem Sinne ›arbeitete‹, galt als kleinbürgerlicher Taugenichts. Das alles erinnert mich psychologisch gesehen an Selbstbestrafung.

MK: Kann man das ein bisschen beschreiben? Ihr hattet ein Büro, wo man sich traf und diese Texte für die Flugblätter schrieb. Wie war das organisiert? Und was habt ihr den Arbeitern empfohlen?

RS: Ich war in der Berliner Leitung des Kommunistischen Studentenbundes (KSV), ein Ableger der KPD-AO. Treffpunkt war immer die TU. Dort, hauptsächlich in den Räumen des ASTA und seiner Referate, machten wir uns breit. Dort tagte man, schrieb Berichte nach oben und Anweisungen nach unten. Alles sehr hierarchisch. Zwischen den Organisationen tobte ein Wettbewerb – wer mobilisiert mehr Leute? Die Revolution gehörte zur Rhetorik, im Ernst jedoch hat kaum einer daran geglaubt. Es reichte aus, dass man in dieser bizarren Subkultur die Nase vorn hatte.

MM: Fast schon Rückkehr zur Diakonie, die du ja im Kleinformat bereits in Rottweil geleistet hattest; jetzt im Zeichen des maoistischen Kommunismus. Gibt es eigentlich irgendwelche gefährlichen Texte, die du damals verfasst hast und die uns heute überraschen könnten?

MK: … und dich selber?

RS: Ich glaube eigentlich nicht, weil das meiste anonym geschrieben worden ist. Ich war damals, zwischen 1972 und '73, der verantwortliche Redakteur eines alle zwei Wochen erscheinenden Organs, das hieß nach chinesischem Vorbild *Dem Volke dienen*. Wirklich, das hieß so. Dort habe ich für eine gewisse ideologische Entspannung gesorgt, gemessen an den damaligen Verhältnissen. Ich wollte über unseren engeren Kreis hinauswirken.

MM: Als Schriftleiter.

RS: Als Blattmacher. Das ging auch ganz gut. In Berlin sind dann doch immerhin 3000 Exemplare verkauft worden. Das hatte mir auch Spaß gemacht.

MK: Ihr seid also vor die Werkstore gegangen und habt der Arbeiterklasse *Dem Volke dienen* verkauft?

RS: Nein, das Blatt war für Studenten bestimmt. Das Blatt, das die Proleten nicht wollten, hieß *Rote Fahne*. Unverdrossen aber sind wir vor die Werkstore gezogen. Einige wenige gingen auch wirklich in die Betriebe hinein und gründeten dort Betriebszellen und machten dort vor Ort Propaganda und bildeten kleine Zirkel, alles natürlich in ganz bescheidenem Maße. Das hauptsächliche Betätigungsfeld blieb die Universität. Jede Stunde, die du nicht für die Organisation gearbeitet hast, war rechenschaftspflichtig. Ich hatte damals angefangen, meine Promotion zu schreiben zwischen 1970 und 1974, und hatte das für diese Zeit bezeichnende Thema »Die Geschichte der Arbeiterliteratur in Deutschland nach 1945« gewählt.

MM: Hat dich das wirklich interessiert?

RS: In dieser Situation hat es mich interessiert, allerdings unter Verzicht auf die Sachen, die mich nach wie vor viel mehr interessiert haben, etwa »Das traurige Bewusstsein bei Hegel« oder »Prousts Platonismus«, das waren die Titel früherer Vorhaben. Aber die waren leider Luxus. Ich fühlte mich ganz einfach verpflichtet, auch auf dem Felde der Literatur Fühlung zu halten mit der sogenannten Arbeiterbewegung. Ich empfand das als intellektuelles Opfer, das konnte ich mir nicht verhehlen.

Ich opferte im Übrigen auch meine mögliche Karriere. Auf diejenigen, die damals nur diese im Sinne hatten und nichts riskierten, blicke ich, auch das kann ich mir nicht verhehlen, noch heute mit einiger Verachtung. Dass ich dann schließlich doch Erfolg hatte, war für mich damals nicht abzusehen. Doch damit keine Missverständnisse aufkommen: Ich opferte etwas, aber ich war kein Opfer. Ich war ein Täter meines Lebens, auch in dieser Periode. Und da komme ich zu einem entscheidenden Punkt. Das suggestive Argument bei all diesen politischen Verrücktheiten war: Die Situation ist ernst. Es gibt nach wie vor Ausbeutung, es gibt große Unterdrückung in der ganzen Welt. Wir müssen damit aufhören, hier unser Luxusleben zu führen, wir müssen uns einsetzen. Wir müssen politisch arbeiten.

MK: Mit der Perspektive der Weltrevolution?

RS: Ja, aber das war eine rhetorische Fernperspektive. Viel wichtiger war im Augenblick: Was tust du? Du musst dein Leben ändern! Es gibt von Odo Marquard einen sehr schönen Essay über das Fortwirken des alten Theodizee-Motivs, das von der für den Gläubigen quälenden Frage ausgeht: Wie ist Gott zu retten in einer Welt, die böse ist und im Argen liegt? Wie konnte er das zulassen?! Das ist die Grundfrage der Theodizee gewesen. Das Motiv, so denke ich, lässt sich ganz gut übertragen auf die Literatur, auf Kunst überhaupt. Die Frage lautet dann: Wie lässt sich die luxurierende Kunst rechtfertigen in einer Welt, die im Argen liegt? Womit vertreibst du dir deine Zeit, die du doch sozial nützlicher verwenden solltest?

MM: Mit Interpretationen.

RS: Ja, mit Interpretationen. Tolstoi sagt irgendwann einmal: Es sei eigentlich obszön, sich dem Schönen zu verschreiben im Ozean des Leidens um einen herum. Es gibt einen Verrat an der Kunst aus sozialem Gewissen. Tolstoi hat schließlich aufgehört zu schreiben. Auch Heine geriet in diese Versuchung: Dürfen die Nachtigallen singen – in dieser üblen Welt? Hier handelt es sich um Angriffe auf die Kunst unter dem Gesichtspunkt politischer und moralischer Nützlichkeit. Auf diese Angriffe und Infragestellungen zieht sich die Kunst manchmal trotzig auf ihren Selbstzweck, das L'art pour l'art, zurück, oder sie geht in die Offensive und erklärt: Wir machen uns politisch, moralisch nützlich, wir dienen der Verbesserung der Welt, vielleicht sogar ihrer Revolutionierung. Wenn man so herangeht an die Kunst, muss einen zunächst vor allem interessieren, wie viele schauen sich das an, lesen das? Diese quantitativen Aspekte spielen dann auf einmal eine ganz entscheidende Rolle, weswegen es schließlich eine trübe Vermischung mit dem Ökonomismus gibt, denn auch dem ist es das Wichtigste: Wie viel verkauft man davon? Auch eine trübe Vermischung mit dem Moralismus, denn auch dessen primäre Frage ist: Wie viel Köpfe erreichst du mit deiner Predigt. Es kommt also allerorten auf die Quantität an, bei den politisch Wohlmeinenden und den ökonomisch Interessierten und den moralisch Übermotivierten. Das eigentlich Subversive wäre demgegenüber eigentlich die Haltung Stefan Georges, der sagte: Schon eure Zahl ist Frevel.

MM: Genau. Selektion des Oberpriesters.

RS: Wir haben dann als Maoisten gesagt: Die Zahl ist das Entscheidende, aber natürlich unter Klassenkampfgesichtspunkten. Viele, und du weißt das auch sehr gut, Michel, viele Autoren haben sich erpressen lassen. Die sind nicht alle bei den Maoisten gelandet, aber sehr viele haben sich dem Argument nicht verschließen können, dass die Kunst unter Luxusverdacht steht, solange sie nicht bereit ist, zur Waffe zu werden. Um sich zu rechtfertigen, wurden unglaublich subtile Theorien entwickelt darüber, wie auf »vermittelte« Weise die Kunst teilnehmen könne an der allgemeinen Befreiung. Theorien schossen aus dem Boden über zarte Gedichte, die klassenkämpferische Energien freisetzen können. Damals dichtete Enzensberger: »Ich gebe zu, seinerzeit / habe ich mit Spatzen auf Kanonen geschossen // Dass das keine Volltreffer gab, / sehe ich ein.« Und am Ende: »Kanonen auf Spatzen, das hieße doch / in den umgekehrten Fehler verfallen.«

MK: Das Zentralorgan in dieser Frage war die Zeitschrift *Alternative*. Da gab es dann abenteuerliche Interpretationen von Goethes »Wanderers Nachtlied«. Oben sitzt der Adel, da ist Ruhe, da stört kein Hauch. Aber unten, wo wir Arbeiter sitzen, da ist nicht gut Kirschen essen. Ich erinnere mich sehr gut, dass man das alles gelesen und sich gesagt hat, es ist zwar alles in Ordnung, aber es kann irgendwie nicht stimmen. Das

Gedicht verschwand, es löste sich auf im Säurebad der Klassenanalyse. Nach der Lektüre solcher Aufsätze war es einem unmöglich, zum Beispiel ein Gedicht von Celan zu lesen oder von Günter Eich. Aber genau dieses Gedicht wollte man doch besser verstehen! Und dieses Gedicht ging nur mich etwas an und nicht meine Klasse. Es kam sehr schnell der Punkt, wo man sich entscheiden musste: entweder Literatur oder etwas anderes. In dieser Situation entstand eine Atmosphäre, die, glaube ich, mit dafür verantwortlich war, dass dann danach der Literatur nicht mehr allzu viel zugetraut wurde. Man hatte den Respekt vor ihr verloren. Da schlug die Stunde der Interpretation. Das führte eben dazu, dass alle denkbaren Kafka-Interpretationen ins Kraut schossen und man zum Schluss keine Lust mehr hatte, Kafka selbst zu lesen. Der Text war eigentlich nur noch ein störendes Argument in einem bestimmten theoretischen Gebäude. Ich weiß noch, wie ich mich in jener Zeit auf die Literatur gestürzt habe, um den Fängen der Interpretation zu entkommen.

MM: Ja, das ist richtig. Es kommt allerdings auch darauf an, wo so etwas stattfand. Berlin war natürlich in dieser Beziehung ein Hotspot dieser, wie soll man sagen, Sozialisierung des Ästhetischen auf bestimmte Zwecke hin. Es gab umgekehrt andere Orte, wo das viel weniger virulent war. Nehmen wir Zürich nur deshalb, weil dort damals der berühmteste Germanist überhaupt wirkte, nämlich Emil Staiger, und dieser hatte eine ganz andere Literaturtheorie. Der zweite Mann, der ebenfalls sehr beachtet war und eine Autorität, war Wolfgang Binder, der Hölderlin-Spezialist und Fachmann für den

Deutschen Idealismus. Diese beiden Groß-Ordinarien hatten keinerlei Gehör für diese Art literatursoziologischer oder literaturpolitischer Betrachtung. Deshalb blieb sie lange ausgesperrt. Der Erste, der dann über den Rand zu schauen begann, war Peter von Matt; freilich auch nicht mit dem Gusto für die Politisierungen der Literatur. Er hielt zum Beispiel Vorlesungen über Heinrich Heine. Dies wiederum war Staiger ein Dorn im Auge, weil Staiger meinte, Heine sei keine große und wahrhafte Literatur, sondern Publizistik! So war Zürich damals ein Gegenpol zu Berlin. Aber was du, Michel, sagst, stimmt natürlich. Irgendwann hatte man, wenn man auf dieser Schiene unterwegs war, überhaupt keine Lust mehr, die Literatur selbst zu lesen. Auf Seiten vieler Schriftsteller wiederum kam es so weit, dass sich diese ebenfalls den Theorien vom falschen Bewusstsein und anderen Ideen anzupassen begannen. Sie wollten oder sie konnten ja nicht im späten Milieu des George-Kreises oder in Heidelberg unterkommen. Solche Konflikte um Erkenntnis und Interesse, um Ästhetik und Politik, um die Innenschau und die Botschaft nach außen sind schon bei Brecht vorgebildet, der aber wohl unter Maoisten und Trotzkisten kaum noch sehr gefragt gewesen sein dürfte …

RS: Brecht hatte in den begleitenden Reflexionen zur *Dreigroschenoper* auf hohem Niveau über die klassenkämpferische politische Instrumentalisierung von Literatur und Theater so nachgedacht, dass ein so subtiler Geist wie Benjamin sich davon beeindrucken ließ. Auf einmal sprach auch Benjamin von »Basis« und »Überbau«. Vorhin war von der Zeitschrift *Alter-

native die Rede. Dort erschienen sehr kluge Artikel über Benjamin und Brecht, über den Kniefall des Subtilen vor dem Robusten. Darüber hat Botho Strauß Anfang der 80er-Jahre ein sehr intelligentes Stück geschrieben: *Kalldewey Farce*. Ich will damit sagen: Der Literatur-Soziologismus, das Primat der Politik, die klassenkämpferische oder moralisch-volkspädagogische Instrumentalisierung waren nicht nur eine Spezialität der Maoisten. Die damit verbundene dramatische Verarmung des ästhetischen Sinnes spielte noch keine Rolle in der Aufbruchsphase der 68er-Bewegung, aber setzte sich dann mächtig durch in den siebziger Jahren und wirkte hinein ins liberalbürgerliche Milieu. Gelangte sogar in die Rahmenrichtlinien und Lehrpläne der Schulen, bis heute.

MK: Die Hauptlektüre war in jener Zeit in bestimmten Schulen die Zeitung. Die Analyse der *Bild-Zeitung* hatte Goethe aus dem Schulplan gekegelt. Man glaubte in der Schule, das wurde oft berichtet, wir müssten *the real fact*s nehmen, und daran müssen wir unsere Sprache, unsere Sprachfähigkeit trainieren. Dem kam die Soziolinguistik zu Hilfe. Viele Nebendisziplinen arbeiteten zu, die Pädagogik sowieso, und am Schluss war der eigentliche Gegenstand des Deutschunterrichts verschwunden. Der war einfach verschwunden, der war pulverisiert. Man sah ihn nicht mehr. Das war wirklich interessant, weil zur selben Zeit die Pop-Literatur fröhliche Urstände feierte. Wenn man in Amerika war, dann haben die immer gesagt, wir wissen gar nicht, von was ihr redet. Die Weltrevolution geht doch nur mit den Schriftstellern. Wir hören da aus Deutschland und Italien, dass die Literatur abgeschafft werden soll. Seid ihr noch recht bei Trost? Es war sozusagen eine Zeit des pathetischen Endes. Ende der Lyrik, des Romans, Ende des Theaters, Ende der Melodie. Alles ging zu Ende, aber man hatte das Neue nicht so wirklich im Blick. Welche Kunst sollte den Platz einnehmen, den die alte Kunst einmal besetzt hielt? Dieses Ende hat eben so viel zur Seite geschafft, dass das Ansehen der Literatur doch für zwei Generationen schwer beschädigt worden ist.

RS: Schwer beschädigt. Ich glaube, Michel, nicht einmal nur für zwei Generationen, ich glaube, dass das bis heute nachwirkt. Heute sind es nicht mehr die alten marxistischen Ideen, die spielen keine Rolle mehr, aber die Frage, was tust du als Künstler in einer Welt, in der es übel zugeht, hat ihre Suggestivität nicht verloren. Nicht mehr die Revolution ist Rechtfertigungsinstanz, sondern das sogenannte Humanitäre bis hin zur Weltrettung. Die Dienstverpflichtung der Literatur für das sogenannte »Gute« ist inzwischen so selbstverständlich, dass es gar nicht mehr auffällt. Wehe auf die Kunst fällt der Verdacht der anrüchigen Gesinnung, der mangelhaften Weltrettungstüchtigkeit! Erst die Gesinnung, dann die Kunst. Für uns Maoisten gab es die Autonomie des Schönen nicht. Und heute hat man, mit anderen Begründungen, auch nur noch wenig Sinn dafür. Bald wird vielleicht auch die Kunst nur noch unterm Gesichtspunkt des ökologischen Fußabdrucks gesehen.

Berliner Hefte,
E. T. A. Hoffmann

Martin Meyer: Kommen wir zu den legendär gewordenen *Berliner Heften*.

Rüdiger Safranski: Das ist eine ganz wichtige Sache für mich. Ich habe, um den biographischen Faden noch einmal aufzunehmen, von meiner Großmutter und von den Pietisten erzählt, von der pietistischen Welt und der weltlichen Welt. Wahrscheinlich habe ich sehr früh gelernt, geistig in mindestens zwei Welten zu leben. Bei den Maoisten war ich eine Führungsfigur, habe meine Arbeit über die Arbeiterliteratur geschrieben. Ich habe aber gleichzeitig nicht von meinen, wie ich sagen würde, eigentlichen geistigen Obsessionen abgelassen. Ich habe weiter Karl Barth gelesen, ich habe weiter Paul Tillich gelesen, ich habe dann auch schon Schopenhauer gelesen, Nietzsche und Heidegger sowieso, ich habe Marcel Proust gelesen, den zauberhaften Alain-Fournier. Die gehörten zu einer ganz anderen Welt als die ideologisch bewirtschaftete, in der ich mich damals vordergründig bewegte. Oder anders gesagt: Ich habe das eine getan, aber das andere nicht gelassen. Ich habe eine intellektuelle Doppelexistenz geführt.

Dann kam wieder eine wichtige Zäsur. Ich bin Knall auf

Fall bei den Maoisten ausgeschieden, das heißt, ich wurde rausgeworfen, weil ich Opposition gemacht habe. Es wurde mir zu wahnsinnig. Mit anderen Freunden zusammen habe ich eine innerparteiliche Opposition organisiert. Der Sebastian, so lautete mein Organisationsname, steuere einen Rechtskurs, hieß es, treibe auf die Verbürgerlichung zu. Ich hatte es im Grunde auf einen Rauswurf angelegt. Ich wollte mit Tschingderassabum den Verein verlassen. Dass ich mich nicht durchsetzen konnte und ausgeschlossen wurde, erlebte ich nicht als Niederlage, sondern als Triumph. Das war Ende 1975. Anderthalb Jahre später haben wir mit Freunden wie Helmut Lethen, Detlef Michel, Bernd Weyergraf, Volkmar Braunbehrens und anderen, die eine ähnliche politische Entwicklung hinter sich hatten, eine kulturpolitische Zeitschrift gegründet, die *Berliner Hefte*, die immerhin bis 1982 bestanden. Wir orientierten uns am *Freibeuter* und am *Kursbuch*, konkurrierten natürlich auch; wir hatten eine Auflage zwischen 3000 und 4000. Unser Redaktionskreis nahm die Zeitschrift als Gelegenheit, sich über den jüngsten politischen Irrsinn, in den wir verwickelt waren, den Kopf zu zerbrechen. Es war ein tiefgreifender öffentlicher Lern- und Bewältigungsprozess.

MM: Das war allerdings ein sehr früher Revisionsprozess?

RS: Früh? Der maoistische Spuk hatte für mich immerhin fünf Jahre gedauert, eben bis Mitte der siebziger Jahre. Mein Glück war also der Freundeskreis, der die Zeitschrift trug, mit den exzessiven Diskussionen. Die Redaktionsräume fungierten am Wochenende als Kneipe. Berlin, Kantstraße 125. Für uns ein Ort eines Probedenkens, bei dem man sich zu Positionen vortastete; vielleicht war man noch gar nicht so weit, aber tat schon mal so. Dieses Gedankengestöber war sehr wichtig. Damals, Ende der siebziger Jahre, begann ich, zunächst als Habilitation geplant, über E.T.A. Hoffmann zu arbeiten. Der zog mich an, weil er ein Meister der Doppelexistenz war: ein entfesselter Romantiker und andererseits ein überaus liberaler und vernünftiger Richter am Kammergericht zu Berlin. Der hatte sehr gut verstanden und sogar zum Thema gemacht, dass die Sphäre von Politik und Staat eine grundsätzlich andere ist als die Sphäre des Ästhetischen, der Literatur. Er verkörpert gewissermaßen ein Zweikammersystem der politischen Vernünftigkeit und der romantischen Verrücktheit. Das faszinierte mich, weil ich ja gerade dabei war, die soeben erlebte Entwürdigung und Verformung der Literatur unterm Primat der Politik zu verarbeiten. Ich begann wieder einen freien Blick auf die Literatur zu gewinnen mithilfe dieser Figur E.T.A. Hoffmann, der zwar ein politischer Mensch war, aber das Primat der Politik in der Literatur nicht gelten ließ. Mit dieser Problematik war ich im frühen 19. Jahrhundert, aber eben auch in meiner unmittelbaren Gegenwart. Ich war bei Hoffmann, aber auch bei meinem Problem. Und dann passierte Folgendes, Anfang der achtziger Jahre. Meine Assistentenstelle an der FU war ausgelaufen, ich unterrichtete in einer Einrichtung des Zweiten Bildungswegs. Nebenher schrieb ich an meinem Hoffmann, immer noch mit der Absicht, daraus eine Habilitation zu machen, obwohl damals für jemanden wie mich, der vorher bei den Maoisten hervorgetreten war, eigentlich gar keine Chance mehr auf eine Unistelle bestand.

Ich hatte ganz einfach Feuer gefangen beim Thema, und ich hatte die mir gemäße Art des Schreibens entdeckt, meinen Stil gefunden. Das war beglückend. Nun war ich in einer inneren Unentschiedenheit – soll es eine rein fachliche Arbeit sein, oder soll das schon ein veritables Buch werden. Dann war es fertig, das war 1981, und ich reichte das Manuskript als Habilitation bei den Germanisten an der FU Berlin ein. Aber zugleich auch beim Hanser Verlag in München. Dort war damals Christoph Buchwald Lektor, der gehörte auch zu unserem Kreis um die *Berliner Hefte*, allerdings ohne maoistische Vergangenheit. An der Uni sagten sie mir, sehr schön, aber das muss noch ein bisschen anders werden, es muss auch die ganze Auseinandersetzung mit der Forschung explizit gemacht werden, da muss noch einiges nachgearbeitet werden, damit das eine Habilitation wird. Beim Verlag sagten sie mir, ja, auch sehr schön, aber doch noch zu akademisch. Damit stand ich wirklich, das war Anfang 1982, am Scheideweg und vor der Frage: Worin investierst du die Arbeit? Machst du daraus wirklich eine Habilitation?

MM: Ohne Garantie.

RS: Ohne Garantie sowieso. Oder befriedigst du auch deine literarischen Ambitionen und machst aus dem Manuskript ein richtiges Buch, in diesem Falle eine biographische Monographie. Schließlich habe ich mich gegen die Habilitation und für das Buch über E.T.A. Hoffmann entschieden. Die Tragweite der Entscheidung und dass es wirklich eine Lebensentscheidung war, ist mir erst hinterher richtig klar geworden.

MK: Gab es eigentlich, eine Nebenfrage, aber doch wichtig, gab es aus den alten Kreisen des Maoismus irgendwelche Repressionen, dass ihr da so langsam alle aus dem Verein ausgeschieden seid?

RS: Nein.

Michael Krüger: Das war vorbei.

RS: Es gibt ja auch eine ganze Literatur der Ehemaligen. Da haben sich Leute als Opfer hingestellt. Aber nochmals: Wir waren nicht Opfer, sondern Täter. Allerdings hat man ein Stück seines Selbst aufgeopfert. Das meinte ich mit dem »Salto mortale in die Dummheit«. Ich habe vorhin gesagt, dass ich eine Doppelexistenz geführt habe, aber meine eigentliche Liebe für Literatur und Philosophie hatte doch sehr gelitten. Ich hatte ihr doch einiges zugemutet.

MM: Hat deine Position in dieser Zeit vielleicht doch auch ein gewisses Machtbedürfnis befriedigt? Man ist im Grunde besser in der Gruppe unterwegs, man glaubt und hofft, dass man Einfluss hat, man versteht sich immer noch als Avantgarde der kommenden Weltrevolution. Wenn die Struktur zellenförmig organisiert ist, wenn man mittlere Führungskraft und Schriftleiter eines publizistischen Organs ist, wenn man sich damit Ansehen und Respekt verschafft: dann ist das nicht nur Selbstverwirklichung, sondern in eins damit Einflussnahme auf andere. Siehe Sartre, *Kritik der dialektischen Vernunft*. – Aber noch einmal zur Selbstaufopferung in diesem System: Intelligenten Menschen mit Selbstbewusstsein kann das doch nicht genug sein. Es muss immer auch Incentives, Anreize, Prämien, Anerkennung und soziale Rituale geben, damit man sich dabei wohlfühlen kann, damit man bei der Stange bleibt.

RS: Vollkommen richtig. Im Binnenraum der Organisation konnte man auch Machtbedürfnisse befriedigen, verlor aber zugleich etwas von seiner Freiheit. In der antiautoritären Aufbruchszeit, in der ersten Phase also, hat man offensiv und mit Selbstbewusstsein und Lust seine Überzeugungen vertreten, In der zweiten, dogmatisch-sektiererischen Phase war alles von Taktik, Agitation und so weiter bestimmt. Die Sprache war verödet und verroht. Ihr könnt euch sicherlich vorstellen, mit welchem Gefühl von Befreiung und Gelöstheit ich mich, nach dieser bleiernen Zeit, in meinen E.T.A. Hoffmann vertiefte. Aus diesem Grunde habe ich diesem meinem ersten Buch eine starke Anhänglichkeit bewahrt.

Fragen des Kanons

Martin Meyer: Nun also zu E.T.A. Hoffmann. Als du an seiner Biographie gearbeitet hast, konntest du noch nicht ahnen, dass du damit den Grundstein für dein schriftstellerisches Lebenswerk, die Biographien der großen Philosophen und Literaten, legen würdest. Auf der anderen Seite zählt E.T.A. Hoffmann nicht unbedingt zu den sicheren Kandidaten auf einen Platz in irgendeinem Kanon, es sei denn, man würde einen Kanon der deutschen Romantik bis hin zur Spätromantik definieren. Ich persönlich bin ohnehin skeptisch gegenüber solchen kanonischen Modellen. Es gab sie zwar über die Jahrhunderte, seit dem 17./18. Jahrhundert und mit ganz verschiedenen Funktionen in den einzelnen Ländern. Später kam der nationale Literaturbegriff dazu: dass man sich auch in diesem Sinne als Nation, als literarische Nation kanonisch verstehen wollte. Das Modell wandert dann bis in die heutige Zeit, wo es schlussendlich ein reines Marketinginstrument wird; ob die Literatur im Brennpunkt steht oder die Musik oder ob es Interpretationen sind und so weiter. Aber es ist trotzdem interessant herauszufinden, unter welchen Voraussetzungen und Rezeptionsschicksalen Autoren kanonisch werden können und wie lange sie das auch sind. Sehr viele können im Lauf der Zeit wieder herausfallen, abgesehen von den ganz großen Namen.

Das zeigt sich wiederum länderspezifisch. Hier nur noch dies: Es gab vor zehn, fünfzehn Jahren in *Le Monde* eine lustige Umfrage über die wichtigsten Bücher des 20. Jahrhunderts. An erster Stelle stand *Der Fremde* von Camus, aber schon an achtzehnter Stelle kam *Tim und Struppi*, und zwar *Der blaue Lotus*. Zwischendurch figurierte André Malraux mit *La condition humaine,* dann schien ein Titel aus dem angelsächsischen Bereich auf. Eine wilde Melange, subjektiv und zugleich unter dem Anspruch, eine gültige Rangliste abgeliefert zu haben … Aber zurück zum Thema: Was ist für dich ein Kanon?

Rüdiger Safranski: Ein Kanon hat sich für mich aus der Tradition herauskristallisiert als eine Versammlung von Werken, die sich durch die Geschichte, im Verdrängungswettbewerb der Kultur-Evolution, bewährt haben, die einen Rahmen abgeben, in dem man sich geistig bewegen kann, ohne sich eingeengt zu fühlen. Er hilft auch, wenn man beabsichtigt, sich nicht daran zu halten. Dann weiß man wenigstens, was einem nicht passt und wo es sich lohnt, Grenzen zu übertreten. So wie wir hier sitzen, reden wir eher aus der Perspektive der Macher, die sich den Kopf darüber zerbrechen, ob man einen Kanon aufstellen soll, und wenn ja, welchen? Wenn ich mich aber zurückerinnere und mir die Frage stelle, hat mir früher der jeweils gültige Kanon eher geschadet oder genützt, kann ich sagen: Er hat mir geholfen.

MM: Auch eine Entscheidungshilfe?

RS: Auch eine Entscheidungshilfe, und da merkt man, der Kanon hat eine gewisse Autorität. In einem Kanon liegt selbstverständlich etwas Autoritatives, aber es muss auch ein Vertrauensverhältnis dazukommen. Diese beiden Aspekte gehören zusammen. Beim Kanon kommt die gute alte Dialektik zum Zuge. Ich habe ja erzählt, wie ein sehr guter Literaturlehrer mit uns auch Literatur gelesen hat, die noch nicht kanonisch war. Das heißt, ein Kanon verhindert nicht seine Überschreitung. Aber Überschreitung macht überhaupt erst Sinn, wenn es einen Kanon gibt. Das ist der Punkt. Nossack und sogar Kafka gehörten damals noch nicht zum Kanon. Wir haben sie als Grenzüberschreitung kennengelernt, und das hat diesen Autoren überhaupt nicht geschadet. Wenn es einen Kanon gibt, muss es auch zugleich für Leute, die pädagogische Verantwortung tragen, so viel Beweglichkeit geben, dass sie den Sinn des Kanons akzeptieren, trotzdem aber an bestimmten Punkten über ihn hinausgehen. Was wäre denn die Alternative zum Kanon?

Michael Krüger: Ich habe in meinem Leben drei »kanonische« Wellen miterleben dürfen. Die erste in England in den frühen sechziger Jahren, da war die deutsche kanonische Literatur vollkommen unbekannt. Kein Hölderlin, kein Mörike, kein E. T. A. Hoffmann. Man wurde als Kauz hingestellt, wenn man darauf bestand, dass der *Anton Reiser* Weltliteratur sei. Ich erinnere mich an ein Gespräch mit dem damals berühmtesten englischen Literaturkritiker, Cyril Connolly, in seiner Jugend Avantgardist, ein Fan von Kanons, von der Literatur bis zum Whiskey, der mit wunderbarer britischer Arroganz behauptete, außer Kafka und Mann gehöre aus der deutschen Literatur nichts zum europäischen Kanon. Basta. Kein Brecht, kein Döblin, kein Robert Walser, kein Hofmannsthal. Den zweiten Kanon haben wir hier im Verlag aufgestellt: Welche Autoren wollen wir in die Internationalen Klassiker aufnehmen, welche deutschen Autoren müssen wir noch bearbeiten? Das war ein wunderbares Spiel, zumal damals, weil man viele Autoren, die man großzügigerweise in den Kanon aufnahm beziehungsweise rausschmiss, nur unzureichend gelesen hatte. Die dritte Kanon-Debatte hat Marcel Reich-Ranicki losgetreten, und er hat tatsächlich erreicht, dass sich alle den Kopf darüber zerbrochen haben, wer ins Töpfchen gehört und wer ins Kröpfchen. Hat es etwas genützt? Bleiben alle diese Listen nicht doch eine subjektive Angelegenheit?

MM: Ja, und eine eben auch zeitgeschichtlich definierte, mit Geschmacksurteilen, die beeinflusst sind von verschiedenen Institutionen. In Frankreich natürlich von der Académie, in Deutschland von der Literaturkritik. Auch in den Schulen, das hast du erwähnt, findet Kanon-Bildung statt, aber wohl nicht nur in die Richtung der höchsten Qualität (was immer das noch heißen mag). Weiter gibt es immer auch Bücher, die gewisse soziopolitische und zeitgeistige Bedürfnisse befriedigen müssen, weshalb sie etwa zum Lehrkanon oder zum Gymnasialkanon der sechziger Jahre und siebziger Jahre gehören. Stichwort: *Draußen vor der Tür* oder *Stiller*. Du hast von Vertrauen gesprochen. Das setzt allerdings auch Vertrauensbildung voraus. Und diese muss sich nun immer wieder an den Texten legitimieren. Spannend und interessant wird es vor allem, wenn man dann begründen muss, warum etwa Döblins *Berlin Alexanderplatz* unbedingt zum Kanon gehört, weil nämlich ... – worauf die literaturkritische oder literaturhermeneutische Begründung folgen muss.

RS: Der Kanon drückt nur das Bewusstsein aus, dass es erstens angesichts einer unglaublichen Vielzahl von Werken sinnvoll ist, nicht nur das Zufallsprinzip gelten zu lassen, sondern eine Ordnung zu stiften und zu sagen, das ist vielleicht besonders wichtig und das weniger. Das ist das eine, die Hilfe beim Auswählen und damit eben auch beim Weglassen. Das zweite ist das Gefühl, dass es eigentlich nicht ausreicht, sich mit der eigenen Beliebigkeit zu begnügen oder mit dem Geschmack der Mehrheit. Deswegen meldet sich im Bedürfnis nach einem Kanon das Problem des Ranges. Wir ahnen, dass noch nicht über den Rang eines Buches entschieden ist, wenn es dem einen oder anderen gut gefällt oder wenn es sich gut verkauft. Der Rang ist sehr schwer zu definieren, aber es gibt ihn. Über Geschmack lässt sich bekanntlich streiten, aber es gibt schlechten Geschmack oder auch gar keinen Geschmack. Es braucht Übung, um etwas schmecken zu können. Für die Kultur gilt überhaupt: Ein zunächst ungeübtes Subjekt nähert sich übend einem Objekt, um ihm schließlich, in Anerkennung oder Verwerfung, gerecht werden zu können. Rang ist also nicht bloß subjektiv-beliebige Entscheidungssache, er hat etwas Objektives. Schon gar nicht hat er etwas mit Mehrheitsentscheidungen zu tun, und doch sollte man über ihn reden können. Wenn man gar nicht mehr über ihn reden darf, ist einem schon das Entscheidende verloren gegangen, denn der

Rang prämiert einen geistigen Gehalt, eine geistige Originalität, eine wirklich neue Art, sich in der Welt zu fühlen, in die Welt hineinzublicken, über das Problem des Lebens neu nachzudenken, er steht für sprachliches und stilistisches Gelingen ein. Im Bedürfnis nach einem rangsetzenden Kanon drückt sich die Ahnung aus, dass im Ästhetischen nicht die Zahl entscheidet und die Beliebigkeit des Geschmacks, sondern dass da auch objektive Kriterien gelten, die aber oft schwer zu definieren sind.

MM: Das ist die Schwierigkeit, natürlich. Wir sind uns alle einig, dass wir einen Substanzbegriff von Kunst pflegen – und nicht einfach einen Funktionsbegriff.

RS: So ist es.

MM: Die Sache ist nun die: Wie wird Literatur in ihrer Substanz erkannt? Wie kann die Bedeutung von Literatur vermittelt werden? Welche Instanzen stehen für diesen Prozess ein? Früher waren das natürlich die wichtigen Kritiker – und zu gewissen Teilen schon die Verleger. Heute hat sich die Öffentlichkeit enorm verändert: Social Media und andere Formen des digitalen Austauschs bestimmen die Rezeption mit, ohne dass damit in der Regel bereits ein verlässliches Urteil über die Qualität eines Texts zustande gekommen wäre. Hinzu kommt noch etwas anderes: Was wir Klassiker nennen, unterliegt ebenfalls der verändernden Macht der Beschleunigung und des Schicksals von »Rezeption«. Was früher als wichtig, als bedeutend, ja als lebensentscheidend angesehen wurde, versinkt vielleicht in der Gleichgültigkeit oder in der Verwunderung. Damit verändert sich der Kanon. Schon Stendhal stellte fest, dass ein Sprachstil, eine Form des literarischen Ausdrucks nach fünfzig Jahren »du dernier lourd« werde; etwas Abgelebtes, von späteren Generationen nicht mehr voll anzuerkennen oder zu goutieren. Im digitalen Zeitalter verlaufen diese Verfallsprozesse noch viel schneller.

MK: Ich glaube, es wäre schön, wenn wir statt von Kanon von Rang reden. Das wäre mir sehr viel sympathischer. Gehört Nikolaus Lenau in den Kanon? Ohne jede Frage hat er aber Gedichte von Rang geschrieben. Oder Gryphius! Hoffmannswaldau! Rang heißt eben auch, dass man nicht über Genres redet. Die Kanon-Liebhaber halten sich zu lange bei den Romanen auf. Da haben die Engländer, Franzosen, Russen immer die Nase vorn. Die Italiener bringen Manzonis *Die Verlobten* auf die Waage, das ist alles.

MM: Und Leopardi?

MK: Und Leopardi? Für mich einer der Größten, aber als was soll er in einem Kanon auftauchen? Als Aphoristiker? Als Pessimist? In meiner Rangfolge stehen die *Sonette an Orpheus* ganz oben, aber in einem Kanon? Wenn man heute Schülern die *Sonette an Orpheus* vorliest, dann halten sie einen für geistesgestört. Es ist so. Die bürgerliche Vorstellung von Literatur, da sind wir uns alle einig, hatte einen prominenten Platz im allgemeinen Bewusstsein. Das ist vorbei. Wer heute in einer Bewerbung zum Manager schreibt, er läse mit Vorliebe

George, wird nicht zum Gespräch eingeladen. Wer sich zu Stephen King bekennt, hat dagegen gute Chancen.

MM: Wer es als Autor in den Kanon geschafft hat, der gilt oft auch als Klassiker. Es gibt eine schöne Definition, die Michel gefunden hat. Vielleicht kannst du uns sagen, was auch eine Möglichkeit der Definition von Klassikern wäre.

MK: Calvino hat einen berühmten Aufsatz geschrieben: *Warum Klassiker lesen?* Darin hat er ein paar Definitionsvorschläge gemacht. Der erste ist sehr witzig und lautet: »*Klassiker sind die Bücher, von denen man üblicherweise sagt: ›Ich lese gerade wieder ...‹ und nie ›Ich lese gerade ...‹*«

MM: Sehr schön.

MK: Das Interessante an dem Aufsatz ist, dass er darauf hinweist, dass man in einem normalen Leben, selbst wenn man ein Literaturwissenschaftler oder Kritiker ist, immer nur einen kleinen Teil der Klassiker lesen kann oder gelesen hat, dass also das Klassische, im klassischen Sinne, immer größer ist als das, was man zu sich nehmen kann. Er schreibt diese berühmten Sätze: »Wer den ganzen Herodot oder den ganzen Thukydides gelesen hat, hebe die Hand. Und Saint-Simon? Und den Kardinal von Retz? Aber auch die großen Romanzyklen des 19. Jahrhunderts werden häufiger erwähnt als gelesen ... Die Dickens-Liebhaber in Italien sind eine kleine Elite von Leuten, und wenn sie sich begegnen, beginnen sie unverzüglich, sich an Personen und Episoden zu erinnern, als würden sie sie persönlich kennen.« Und dann macht er viele andere Vorschläge, wie man Klassiker definieren könnte. Ich lese noch einen vor: »*Klassiker sind Bücher, die einen besonderen Einfluß ausüben – sowohl wenn sie sich als unvergeßlich behaupten, als auch wenn sie sich in den Falten der Erinnerung verstecken und sich als kollektiv oder individuell Unbewußtes tarnen.*«* Besonders gut finde ich die Beobachtung, dass wir natürlich immer behaupten, mehr gelesen zu haben, als wir tatsächlich gelesen haben. Julien Gracq hat einmal gesagt, dass wir von mindestens fünfzig Prozent der Bücher, die wir glauben gelesen zu haben, nur annehmen, dass wir sie gelesen haben. Wenn jemand sagt, ich habe Dostojewski gelesen, dann hat er in der Regel zwei Romane gelesen. Aber Dostojewski hat eben ein bisschen mehr geschrieben. Und der hebe die Hand, der wirklich den ganzen Goethe gelesen hat. Rüdiger Safranski ist wahrscheinlich einer der wenigen. Aber unter den heutigen Bedingungen, wo eben auch Briefe, Gespräche, Tagebücher und Aktennotizen mit zum Werk gehören, ist es eine Lebensleistung, Goethe zu lesen. Und Menschen, die ausschließlich Goethe gelesen haben, gehen einem gehörig auf die Nerven, man muss ihnen unbedingt aus dem Weg gehen.

MM: Das setzt auch immer noch eine mehr oder weniger intakte Bildungsöffentlichkeit voraus, die überhaupt noch weiß, dass es solche Bücher gibt. Man kann nur dann ein schlechtes

---

* Italo Calvino: *Warum Klassiker lesen?* Aus dem Italienischen von Barbara Kleiner und Susanne Schoop, München 2003, S. 7 f.

Gewissen haben, nicht alles gelesen zu haben, wenn man in etwa weiß, was man gelesen haben könnte oder sogar müsste. Diese Community, die ein Klassikerbewusstsein noch hatte, entwickelte sich stark im 19. Jahrhundert vor allem über die engeren Zirkel der Eliten einzelner Länder hinaus. Ich würde sagen, das lief noch recht munter bis in die siebziger Jahre unserer Zeit. Dann wurde es aus Gründen, die wir schon besprochen haben, durch törichte Lehrpersonen und falsche Programme zusehends pulverisiert. Heute gibt es kaum noch Repräsentanten qua Leser, die ein sozusagen lebensweltliches Verständnis dieser Klassiker haben. Der eine ist schon tot, das war Borges; und der andere sitzt uns gegenüber, das ist Safranski.

RS: Beim Wein gibt es ein großes Publikum, das Wein trinkt und genießt, und dann gibt es eine kleine Zahl von Leuten, die sich wirklich auskennen, denen kommt dann dieses Leuchten in die Augen, wenn man zusammensitzt und einen Pétrus trinkt, freilich selten genug, weil die Chinesen seinen Preis verdorben haben. Ich wünsche mir ganz einfach auch bei Büchern dieses verfeinerte, selbstbewusste Verständnis, wo Leute von Kenntnis und Geschmack sich darüber austauschen, was man eigentlich lesen sollte. Schlechten Geschmack hat es immer gegeben, aber heute hat er ein gutes Gewissen bekommen. Gerade deshalb darf man sich nicht in die Defensive drängen lassen. Auch wenn man sagt, gut, wir gehen jetzt eben in die Katakomben, oder wir sind die kleine verwegene Schar der letzten Literaturliebhaber, sei's drum. Zum Glück gibt es immer noch eine Handvoll Menschen, die dadurch charakterisiert sind, dass sie in ihrem Leben nicht nur auf Ereignisse wie Heirat, Kinder und Karriere und so weiter zurückblicken, sondern auch darauf, welche Bücher ihnen wann wichtig gewesen sind, denen also die Literatur so sehr ein Bestandteil des Lebens ist, dass sie sagen können, ohne dies oder jenes Buch hätte ich mir mein Leben so nicht vorstellen können. Mir geht es tatsächlich so. Für mich ist eine bestimmte Lebensphase zum Beispiel fest mit der ersten Proust-Lektüre verbunden. Ich besorgte mir nach und nach die dreizehnbändige Taschenbuchausgabe bei Suhrkamp. Ein bisschen fühlte ich mich dabei als Mitglied eines Geheimbundes. Man liest Bücher ja immer auch gegen jemanden. Man will sich unterscheiden, und zwar zu seinen Gunsten. Mein Leben ist übersät mit Büchern, die für mich in ganz entscheidender Weise wichtig waren, die mich geprägt haben, von Homer bis Kafka, Kierkegaard und Max Frischs *Stiller*. Literatur als Lebensmacht. Wobei es, vielleicht können wir das noch vertiefen, ganz schwer ist, wirklich präzise zu sagen, was da so besonders auf einen eingewirkt hat, was einen in den Bann geschlagen hat. Wüsste man das genau, wäre man für sich selbst durchsichtig. Das aber erreichen wir nie.

MK: Es gibt einen sehr schönen Aufsatz von Brodsky über Unsterblichkeit, wo er darauf aufmerksam macht, dass wir heute kaum einen Politiker aus der römischen Zeit mehr kennen, wohl aber immer noch die großen Dichter dieser Zeit. Dann fordert er, die heutigen Politiker daran zu messen, was sie gelesen haben. Nun gibt und gab es Politiker, die Bücher gelesen haben, aber das trägt nicht gerade zur Beliebtheit bei.

Die Erfahrungen, die in der Literatur verkapselt sind, lassen sich im heutigen politischen Gespräch, vulgo Diskurs, nicht mehr anbringen. Das wirkte peinlich, wenn man im Parlament plötzlich Else Lasker-Schüler zitieren würde. Mit anderen Worten, Literatur ist in der öffentlichen Wahrnehmung marginalisiert, trotz aller gut gemeinten Bemühungen, sie nicht ganz zu vergessen. Auf der Buchmesse kamen bei mir immer viele Politiker vorbei und haben erzählt, was sie gelesen haben, und am Schluss kam immer die Frage: Welches Buch können Sie meiner Frau empfehlen?

RS: Es gab mal einen deutschen Politiker, der recht berühmt war, ein SPDler, Carlo Schmid. Er war im Parlamentarischen Rat, also bei der Gründung der Bundesrepublik, mit von der Partie. Carlo Schmid hat Baudelaire übersetzt, ein Homme de lettres, und war zugleich ein mit allen Wassern gewaschener Politiker. Heute ist so jemand kaum vorstellbar.

MK: Das war der große Carlo Schmid. Aber auch Präsident Heuss war ein großer Leser, Herr von Weizsäcker, Helmut Schmidt, Norbert Lammert, Walter Steinmeier oder Oskar Lafontaine, aber das ändert nichts an der Feststellung, dass man als Politiker alles tun sollte, die Nähe zu Büchern zu meiden. Es schadet der Reputation.

MM: Das meiste war damals auch noch gesellschaftlich anders im Bewusstsein verankert. Kultur hatte ein paar Säulen. Die eine war natürlich die Musik, die andere vielleicht die Philosophie mitsamt den Geisteswissenschaften, eine weitere waren die Malerei und die Plastik; schließlich die Literatur, die man auch immer bei sich haben konnte in Form von Büchern oder Büchlein, sogar im Schützengraben. Es gibt sehr viele Beispiele dafür, wie Männer zumal als Soldaten ihre wichtigen Leseerlebnisse hatten. Hinzu kam, bei den Gebildeten, eine Form von politisch-literarischer Selbstdarstellung: Seht her, was ich lese und was ich weiß! Überhaupt gab es in Frankreich eine große Tradition der Leser-Politiker, die auch ein Gläslein Chateau Rayas nicht voll ließen. Nehmen wir Mitterrand. Der kam einmal auch nach Wilflingen, zu Ernst Jünger, und sprach mit ihm über Léon Bloy. Helmut Kohl war auch dabei und musste sich beweisen, was ihm sogar irgendwie gelang. Doch wie Michel vorhin gesagt hat: Das alles ist weitgehend vorbei, es ist als gesellschaftliches Ritual ebenfalls vorbei. Während die Weintrinker immer noch zunehmen mitsamt einer prätendierten Kennerschaft, die häufig stark übertrieben wird, ist dies bei den Büchern immer weniger der Fall. Man kann in einer Abendgesellschaft längst nicht mehr damit auftrumpfen, dass man sagt, Leute, hört zu, dieses Kapitel der *Strudlhofstiege* habe ich jetzt schon zum dritten Mal wieder gelesen und bin noch immer tief ergriffen. Früher wäre eine alte Dame auf dem Sofa daneben darüber in Tränen ausgebrochen. Alles vorbei. Anders gesagt: Wir sind hier und jetzt und hoffentlich noch lange ein immer exklusiver werdender Klub. Dieser Gedanke gefällt mir natürlich. Je demokratischer die Unbildung, vielleicht darf man auch sagen: die Dummheit, wird, umso elitärer dürfen sich die Kenner geben. Was wir hier ja auch tun …

RS: Wir müssen uns auch nicht scheuen, Leute zu beschämen. Was, Sie kennen dieses Kapitel aus der *Strudlhofstiege* nicht, womit haben Sie denn Ihre Zeit verschwendet? Ein bisschen Einschüchterung schadet nichts. Das gilt zum Beispiel auch für den Buchhandel überhaupt. Ich komme bei meinen Lesungen viel herum in den Buchhandlungen. Dann höre ich auch immer die Klagen. Und ich komme dann wieder auf mein Beispiel aus der Welt des Weines zu sprechen. Ich sage, es gibt den Wein in Supermärkten, und es gibt wunderbare Weingeschäfte, die man fast ehrfürchtig betritt. Das könnte doch auch beim Buchhandel so sein. Vorbildlich ist da die Freiburger Buchhandlung »Am Wetzstein«, die nun aber leider geschlossen wird. Wenn die Leute sagen, ich komme gar nicht mehr zum Lesen, dann muss man ihnen wenigstens ein schlechtes Gewissen darüber machen. Wir hier leben ja mit Büchern, und wir brauchen uns nicht einreden lassen, dass es damit in der Folge der Digitalisierung bald vorbei ist, wir wissen, dass eine ungeheuer bereichernde Kraft in der Literatur liegt. Freilich sollte man sich zu seiner Leidenschaft bekennen. Man muss den Leuten das Gefühl geben, dass sie sich selbst schaden, wenn sie das Angebot ausschlagen. Das werden sie dann schon noch spüren, wenn sie älter werden und die Begegnung mit sich selbst suchen, und da ist nichts. Die Begegnung mit dem Nichts. Damit es einem nicht so geht wie dem Berliner, der auf die Aufforderung: ›Mensch, geh in dir!‹ antwortet: ›War ik schon, is och nischt los!‹ Bildung ist also überhaupt das, was es einem erlaubt, es bei sich auszuhalten.

MM: Zum Beispiel?

RS: Bildung ist nicht nur Ausbildung im funktionalistischen Sinne, die ist auch notwendig, aber wenn es mal still wird, muss man vermeiden, dass das Nichts aus einem emporsteigt. Lesen ist der Kampf um die Sinngebung des ansonsten Sinnlosen, ist der Kampf gegen den alltäglichen Nihilismus. Das ist Lesen. Das ist Buchkultur. Das müssen wir nicht predigen, sondern selbstbewusst vorleben.

MM: Dazu gehört vielleicht auch, dass man noch weiß, dass Theodor Lessing ein Buch des Titels *Geschichte als Sinngebung des Sinnlosen* geschrieben hat. – Ja, ich bin völlig einverstanden. Wir müssen eine Art von Revitalisierung der Literatur zur Bewältigung des Lebens einleiten, und da wäre ja kaum ein Verlag so prädestiniert wie der von Michel über Jahrzehnte geprägte Hanser Verlag. Ich würde sagen, das wird bereits unser nächstes Buchprojekt sein: Wie die Literatur das Leben geradezu ermöglicht. Wir könnten *hic et nunc* noch lange über die Klassiker reden; über das Maßstäbliche, Maßgebliche, was sie ausdrücken und weitergeben. Richtig ist auch, dass verschiedene Lebensphasen durch verschiedene Bücher geprägt werden. Und was passiert mitunter beim Wiederlesen? Jene Lebensphasen kehren zurück, klopfen wieder an. Vielleicht nicht gerade wie bei Proust; aber wenigstens wie bei Thomas Mann und seinem Dienst an den Erinnerungen.

RS: Lesen öffnet für die Welt und ist zugleich Selbstbegegnung. Man liest immer auch in sich selbst, wenn man Bücher liest, und wenn man sie nochmals liest, liest man in dem, der man einst war. Das ist wiedergefundene Zeit. Und gibt es mehr Zukunft als ein verlockendes Buch, das man noch nicht gelesen hat?

Deutsche Schicksale, deutsche Kultur

Martin Meyer: Nun aber ein ganz anders Thema, denn wir sprechen ja hier mit einem Meister der Biographie. Also: Über wen schreibt man eine Biographie? Es gibt ja verschiedene Möglichkeiten und Formen, es gibt auch verschiedene Ausprägungen in der Geschichte der Biographie von Sueton bis zu Safranski, es gibt den ganzen Bogen derjenigen, die sich an diesem Genre versucht haben, jeder spezifisch in seiner Zeit und persönlich in seiner Art. Denken wir zum Beispiel an Golo Mann und seinen *Wallenstein*. Das wäre heute wahrscheinlich eher als Literatur zu lesen, noch viel mehr als Literatur und stellenweise Fiktion, als es Golo Mann damals vorschwebte. Dann gibt es die angelsächsische Art des möglichst faktenreichen Zusammentragens, nach der Maxime, ein positivistisch dichtes und genaues Bild einer Person zeichnen. Was der Leser daraus macht und wie er die Person interpretiert, ist dann seine Sache. Die Franzosen haben es gern noch ein wenig rhetorisch und exemplarisch. – Hier aber wollen wir von dir wissen, wie die hermeneutischen Überlegungen zu einer Erhellung von Leben und Werk in Gang kommen. Denn das ist ja eines deiner Markenzeichen: nicht nur Leben als Leben, sondern Leben als Zeugnis in einem Werk.

Rüdiger Safranski: Am Anfang steht eine vielleicht noch gar nicht genau und vollständig begriffene Anziehung. Und dann gibt es in der Reihe der Figuren, über die ich geschrieben habe, eine innere Verbindung. Ich habe mich von der einen zur anderen vorgetastet. Dass ich irgendwann mal über Heidegger schreiben würde, das war mir ziemlich früh klar, und Nietzsche war nach Schopenhauer sowieso an der Reihe. Manchmal gab es Überlegungen, die dazwischenkamen, die nicht so eingeplant waren. Zum Beispiel als ich den Heidegger geschrieben hatte, ging mir eine Weile lang durch den Kopf, eine Adorno-Biographie nachzulegen. Verführerisch war allein schon der Gedanke, die beiden in einen Schuber zu stecken, also ins Brautbett, den heimlichen und den unheimlichen Metaphysiker. Irgendwann wollte ich es dann doch nicht machen, sosehr ich Adorno auch schätze. Es ist ja auch immer eine Frage der Lebenszeit, das muss man sich schon sehr genau überlegen. Vielleicht mache ich lieber mal einen Essay dazu, weil es wirklich eine komplementäre Beziehung zwischen den beiden gibt. Der Adorno auf seine Art war neidisch darauf, dass so jemand wie Heidegger die Philosophia perennis, die ewige Philosophie, fortsetzt, ohne Skrupel soziologischer, psychologischer und sonstiger Art. Aber Adorno, eine Laokoon-Gruppe in einer Person, war verstrickt in diese anderen geistigen Mächte und konnte nicht so freiheraus philosophieren. Metaphysik, sagte er einmal, ist nur noch indirekt möglich, direkt und freiheraus macht sie sich zum Gespött oder wird politisch gefährlich. Stichwort: »Jargon der Eigentlichkeit«. Es wäre also verlockend, die beiden einander gegenüberzustellen, wie gesagt, vielleicht muss ich das mal machen in einer anderen Form. Es beschäftigt mich immer noch. Ich will damit nur sagen, dass man schon ein recht intimes Verhältnis zu dem jeweiligen Autor braucht und die Gewissheit, es lohnt sich, eine beträchtliche eigene Lebenszeit ihm zu widmen. Ich benutze jetzt immer die männliche Form, weil ich über keine Frau geschrieben habe. Darauf kommen wir vielleicht noch. Jedenfalls gliedert sich an der Reihe der Figuren, über die ich geschrieben habe, mein Leben. Die Zeitspanne der Entstehung der Biographien hat jeweils ihre ganz eigene Atmosphäre, ihre besondere Prägung. So rede ich auch mit meiner Frau darüber: Wann war das? Ach, das war die Heidegger-Zeit, das war die Nietzsche-Zeit. Das sind meine Lebensepochen, die jeweils unter einem eigenen, unterschiedlichen Bann stehen.

Bei jeder Figur, über die ich geschrieben habe, gibt es eine eigentümliche Verstrickung, um jeweils eine Kernidee herum, die als innerer Kompass wirkt. Ich verliere mich dann auch nicht in den oft unabsehbaren Materialien, in denen man sich wirklich verlieren kann. Ich halte Spur, im Bewusstsein, dass man über die jeweilige Figur natürlich auch ganz anders schreiben könnte. Ein Buch ist eine Entscheidung, es ist immer auch eine Reduktion von Möglichkeiten. Die Rezensenten wollen oft diesen Entscheidungscharakter nicht begreifen und reden davon, was alles fehlt. Oft freilich nur, weil sie Möglichkeitsmenschen sind, die das Nadelöhr der Verwirklichung scheuen. Nadelöhr ist der schöpferische Akt, Kommentar ist Schweifen in den Möglichkeiten. Ich stelle mich den Entscheidungsanforderungen des Nadelöhrs und achte dabei auf meinen inneren Kompass, der hat immer ziemlich gut funktioniert. Für mich selbst habe ich es so formuliert: Man muss den Tigersprung wagen, ins Zentrum. Ob es dann genau das Zentrum ist? Man muss es jedenfalls glauben und davon überzeugt sein. Das leitet einen. Natürlich kann dabei nicht mehr herauskommen, als dass es schließlich »mein« Schiller oder »mein« Hölderlin ist, der da zur Welt kommt. Doch wenn er »lebt«, kann ich nicht alles falsch gemacht haben.

Michael Krüger: Hast du dich außer gegen Adorno auch gegen andere Autoren entschieden? Was ist zum Beispiel mit Hegel, Kant oder Schelling?

RS: Hegel war nicht so interessant für mich, aber zum Beispiel sehr früh Hofmannsthal, über den hätte ich auch sehr gerne geschrieben. Auch Stefan George, aber dann kam das Buch von Karlauf. Hannah Arendt hatte ich mir auch überlegt. Das wäre dann endlich eine Frau gewesen. Mich reizte ihre Streitbarkeit, dass sie, wie kaum jemand sonst, den Eros des Öffentlichen entdeckt hat, dann ihre grandiose Philosophie des Anfangens, der Natalität. Mit jedem Menschen, sagt sie, der in die Welt kommt, gibt es die Chance eines neuen Anfangs. Aufregend ist auch das Komplementäre zur Philosophie Heideggers, den sie zugleich liebte und verachtete. Heideggers Existentialismus beruht auf dem Ernst des »Vorlaufens in den Tod«, Ahrendts Existentialismus auf dem Vorlaufen an den Anfang; Heidegger verurteilt die Öffentlichkeit des »Man«; Hannah Arendt erklärt, wir haben nichts anderes, wir müssen uns dort bewähren. Heideggers Pastorale stellt

Hannah Arendt das urbane Sein entgegen. Sie liebte die Stadt. Und dann noch ihr dramatisches Leben im Inferno der Geschichte. Kurz: ein Buch über Hannah Arendt hätte sich gewiss gelohnt. Allerdings ist das inzwischen auch von vielen anderen bemerkt worden. Inzwischen ist sie fast ein Modephänomen. Vielleicht auch deshalb habe ich mich nicht dazu durchringen können.

In meinen Biographien versuchte ich stets einen Fehler zu vermeiden – und das wäre bei einer Hannah-Arendt-Biographie auch nötig gewesen. Das ist der Biographismus. Für den Biographismus ist das gelebte Leben bis hin zur Alltäglichkeit die entscheidende Instanz. Darauf wird alles reduziert. Da ist ein eigentümliches Ressentiment im Spiel im Sinne von »Runter kommen sie immer« … Bei den Autoren, die emphatisch mit einem Werk verbunden sind, entspringt das Werk aus dem Leben; es soll aber mehr sein als dieses Leben. Eine Steigerung. Biegen wir das Werk zurück auf ihr Leben, verlieren wir eine ganze Dimension, nämlich die des im Werk gesteigerten Lebens. Den Kafka zum Beispiel rein biographistisch zu beschreiben verleugnet, dass Kafka ein zweites Leben in der Literatur gesucht hat. Er sagte ja sogar einmal, sein Leben bestehe nur aus Literatur. Eine biographistische Reduktion will das nicht wahrhaben. Deswegen habe ich übrigens auch ein eher gespanntes Verhältnis zur angelsächsischen Tradition, dort gibt es für meinen Geschmack zu viel Positivismus und eben Biographismus. Für mich gilt: Letztlich steht das Werk im Mittelpunkt und dann das Drama, wie das Werk aus dem Leben herauswächst und ins Leben zurückschlägt. Da hat jemand ein Werk geschaffen, und dann beschreibe ich, was das

Werk mit seinem Autor anstellt. Man wird ein anderer, wenn man ein Werk in die Welt gesetzt hat. Das Werk bekommt eine Macht über einen, im Positiven wie im Negativen. Bei Nietzsche eher negativ, bei Schopenhauer positiv. Der junge Schopenhauer schafft ein Werk von beispielloser Klassizität, das dann wie eine stilistisch blank geputzte Kugel in seinem Jahrhundert herumliegt, und man hat's zunächst nicht begriffen. Und dieses Werk hilft ihm, die lebenslange Enttäuschung zu verarbeiten darüber, dass es nicht wahrgenommen wird. Ein wunderbares Beispiel für die Leben spendende Kraft eines Werkes. Eigentlich paradox bei einer so skeptischen Philosophie, illusionslos bis zum Pessimismus.

MM: Ein überaus eindrückliches Beispiel. Als ob Schopenhauer schon gewusst hätte, dass er ein solches Werk damit ausrüsten muss; dass er nämlich, wenn das Leben nicht wunschgemäß verläuft, eine Philosophie erschaffen wird, mit der er sich darüber grundsätzlich trösten kann. Es gibt Autoren, die mehr ein Kopfleben führen, und es gibt solche, die an allen Fronten kämpfen. Nehmen wir zum Beispiel Hemingway. Beispiel eines extrem bewegten Lebens, das von dem Lebenden jedoch immer auch verlangt, sich in das einzuholen, was laufend geschaffen wird, anders gesagt: das »biographische« Leben wird immer mehr zum »Autorenleben«, und dieses verselbstständigt sich sogar tendenziell – hier, bei Hemingway – geradezu zu einem Mythos seiner selbst. Oder: Da gibt es Autoren, die einfach und unbeirrt weitermachen und weitermachen, wie zum Beispiel Ernst Jünger; zunehmend lakonisch, sehr regelmäßig und diszipliniert bis über die Hundert hinaus, ohne dass – jedenfalls nach außen – eine größere Krise aufgetaucht wäre, eine Schaffenskrise im Verhältnis zum früheren Werk, das bereits für die Berühmtheit dieses Schriftstellers sorgte. Dann gibt es wieder andere, Camus wäre ein gutes Beispiel, die mit sich zu ringen beginnen, nachdem sie einen Weltbestseller wie den *Fremden* geschrieben haben. Die Pausen, die Unsicherheiten, die Selbstzweifel, die Verletzbarkeit. All dies muss oder müsste ein guter Biograph zuerst sehen, dann erfassen und schließlich zur Komposition bringen.

RS: Das sind für mich Variationen einer bestimmten Struktur. Ich habe das Beispiel Schopenhauer erwähnt, du das eindringliche Beispiel Camus. Bei meinen Helden gibt es ganz unterschiedliche Konstellationen. Nehmen wir als Kontrast zu Schopenhauer den Nietzsche. Nietzsche hat sich in seinem Werk in Figuren hineinverwandelt und irgendwann mit sich selbst verwechselt, er verlor diese Distanz zum eigenen Werk. Er selber hatte das auch begriffen, er sagte, passt auf, bewahrt mir gegenüber die Ironie. Der Grundgedanke in der Nietzsche-Biographie ist, dass ich diese atemberaubende Geschichte von jemandem beschreibe, der am Ende alle Selbstironie aufgebracht hat und in die Bilder stürzt, die er sich geschaffen hat, der Freigeist, der Übermensch, der Zarathustra und so fort. Am Ende schrieb er an Jacob Burckhardt: »Zuletzt wäre ich sehr viel lieber Basler Professor als Gott; aber ich habe es nicht gewagt, meinen Privat-Egoismus so weit zu treiben.« Nietzsche ist ein Beispiel dafür, wie ein Autor von seinem Werk überwältigt wird. Da irrlichtert manchmal noch, sogar kurz vor dem Zusammenbruch, seine Ironie, wenn er im *Ecce homo* gegen Ende der Passage über die ewige Wiederkehr die Bemerkung anfügt: »Wenn meine Lehre stimmt, würde das bedeuten, dass mir meine Schwester und meine Mutter auch wiederkehrten« – ein Schicksal, das er als »diese vollkommene Höllenmaschine« bezeichnet.

MK: Das Gegenstück dazu ist doch Goethe.

RS: Ja, Goethe ist wirklich ein Wunder. Goethe ist ein Autor, der ein souveränes Spiel mit seinen verschiedenen Rollen und Aspekten und Facetten vorführt, deshalb hat ihn Nietzsche so sehr bewundert. Goethe hat sich auch nicht mit sich selbst verwechselt. Er bewahrte die Souveränität, ohne allerdings in eine Art von Dauerironie zu verfallen. Er war eigentlich nicht ironisch.

MM: Überhaupt nicht!

RS: Er ist souverän, um es nochmals zu sagen. Wenn Nietzsche seinen Traum von einer gelungenen Person formuliert, dann taucht bei ihm regelmäßig das Wunder Goethe auf. Deswegen habe ich mein Buch über Goethe auch *Kunstwerk des Lebens* genannt. Goethe hat sehr viele wunderbare Kunstwerke geschaffen, und er hat auch Glück gehabt, natürlich, aber er hat aus dieser insgesamt glücklichen Konstellation auch sehr viel gemacht. Er hat in einem emphatischen Sinne mit dem Leben spielen können.

Zu dem Motiv, dass ein Autor ein Werk schafft, und das Werk dann auf den Autor überwältigend zurückwirkt, gebe ich noch ein Beispiel: Heidegger. Bei ihm lässt sich beobachten, wie die Macht des Denkens in Versuchung gerät, sich mit der real existierenden Macht, in diesem Fall dem Nationalsozialismus, zu verbünden. Heidegger war dem Sein auf der Spur, zuerst nur in der akademischen Welt. Es konnte ihm nicht verborgen bleiben, dass dies eine sehr kleine Welt ist, mit prekärem Wirklichkeitskontakt. Der Philosoph des Seins bemerkt, dass er gesellschaftlich nur eine kleine Rolle spielt. Aber er ist in Gedanken dem Sein doch so nah! So jemand wird durch den impliziten Machtanspruch eines aufs Ganze gehenden Gedankens dazu verführt, ihn in der äußeren Realität wiederzufinden. Und so ließ Heidegger sich verzaubern, durch sich selbst und durch Hitler. In ihm sah er doch tatsächlich die Ankunft des Seins. So versuche ich zu verstehen, warum er sich 1933 als Revolutionär ins Spiel bringt und dann von ganz oben her den Philosophenkönig spielen will. Der Philosoph des Seins träumte davon, bei der Ankunft des Seins den Führer Hitler führen zu können. Sein Vorbild war Platon, der sich ja auch für einen philosophischen Geheimnisträger und zugleich politischen Führer gehalten hat. Heidegger und Platon glaubten zu wissen, was das Ganze zuinnerst zusammenhält. Da gehört es sich doch, dem Throne nahe zu sein und den »Führer zu führen«.

MM: Ich würde gern noch weitergehen. Es hat ein Prozess der Selbstmystifikation stattgefunden. Man kann es doch nicht anders sagen.

RS: Ja, den hat er selber mit betrieben.

MM: Das beginnt tendenziell schon in den späten zwanziger Jahren, wo Heidegger die sogenannte »Kehre« schon andeutet: mit der Kritik an der Metaphysik, am metaphysischen Denken. Was allerdings schwer zu begreifen ist, wenn man nüchternen Blicks an Mensch und Sache herangeht: Hier der einsam-stolze Hüter des Seins, all dessen, was jenseits des »Gestells«, des Machens und Verfertigens und der vorstellenden Vernunft, in verhülltem Schweigen wartet und dem Menschen Zuflucht oder Heimat sein soll; dort der überzeugte Repräsentant jener politisch-sozialen Bewegung, die dieses »Gestell« weiterentwickelt als Instrument zur Durchsetzung ihrer Tyrannei und ihres zutiefst rassistischen Unterscheidungsanspruchs. Ein gewaltiger Widerspruch, gesteigert durch gewaltige Charakterschwächen. Hinzu kommt ein Spießertum, das doch bitte seinesgleichen sucht. Nehmen wir nur die Fotos, die ihn rund um die Schwarzwälder Hütte zeigen …

RS: Bleiben wir also bei der Biographie, die eben auch eine philosophische ist. Es gibt bei Heidegger zwei ziemlich deutlich unterschiedene Phasen. Der Heidegger der zwanziger Jahre und der dreißiger Jahre, bis etwa 1934, ist jemand, der den Aktivismus wählt, ähnlich wie später Sartres aktivistischer Existentialismus. Das Sein ist also in der Hitze der Aktion anwesend. Dann geschieht bei Heidegger eine Art geschichtsphilosophische Wende, die als Entlastung von den Tollheiten des Aktivismus funktioniert, im Sinne von: Ich bin es nicht gewesen, das Sein war es. Der Hirte des Seins deutet das selbst Gemachte als bloß Geschehenes. Das ist übrigens das Betriebsgeheimnis von Geschichtsphilosophie. Sie macht aus der zurechenbaren Tat ein anonymes Geschehen: Das Sein hat in dir gehandelt, das warst du gar nicht, das war das Sein. Dieses Sein ist andachtsvoll zu pflegen. Aus dem Aktivismus wird die Pastorale des Seins. Da sind die Hirten auf den weiten Hochebenen der Schwäbischen Alb. So ein Hirt will Heidegger nun auch sein. Er hütet das Sein – gegen die »Machenschaften« der technischen Moderne. Das hat durchaus auch etwas Störrisch-Großartiges. Doch es fällt drauf auch ein dunkler Verdacht, wenn man, wie Heidegger, ein Nazi war und mit den Wölfen geheult hat. Dann verweist das Liebäugeln mit der Hirtenexistenz eben auch auf ein Entlastungsmanöver. Heidegger ist so interessant wegen seiner Philosophie, aber auch oder noch mehr unter dem Blickwinkel, was diese Philosophie aus ihrem Autor gemacht hat. Deswegen sind manche akademische Heidegger-Analysen auch so langweilig, weil sie die spannenden Fragen nicht stellen. Auch die rein politischen Analysen reichen nicht. Dass man ihn als Nazi entlarvt, damit ist es nicht getan, interessanter noch ist der Zusammenhang zwischen dieser Philosophie und seinem zeitweiligen Nazitum.

Diesen Zusammenhang versteht man nur, wenn man die innere Bühne Heideggers rekonstruiert, wo der Zauberer aus Meßkirch sich seine Stücke ausdenkt und einübt.

MM: Immerhin ist es ihm und seinen Jüngern gelungen, den Vorwurf bis hin zum deutlichen Nachweis des überzeugten Nazis lange Zeit von sich fernzuhalten. Noch in den frühen achtziger Jahren, bevor Farias und Ott für Aufklärungen zu sorgen begannen, war das kein großes Thema. Die Lesart war weitgehend diese: Ja, die Rektoratsrede war etwas peinlich und ein Kniefall vor den Mächtigen, aber sonst war da nicht gar Schlimmes …

RS: Die bittere Wahrheit kam erst später ans Licht, und durch diese lange Verheimlichung dieser Geschichte ist dann das Pendel in die Gegenrichtung umgeschlagen. Jetzt haben wir das Problem, dass zum Beispiel das Geniale von *Sein und Zeit* verdeckt wird.

MK: Interessant, wenn man überlegt, für welche Denker des 20. Jahrhunderts diese Spannungen zwischen Werk und Autor und die Rückkopplung vom Werk auf den Autor eine bedeutende Rolle gespielt hat. Da fällt uns Sartre ein, Camus, Heidegger, Adorno, wo das Stilistische ihn dann zum Schluss sozusagen so beherrscht hat, dass er gar nicht mehr anders schreiben konnte.

MM: Genau, Adorno konnte gar nicht mehr anders schreiben.

MK: Aber es ist eigentlich nur eine Handvoll, und erst als die Epigonen auftauchten, entwickelte man ein Gefühl für das Problem.

RS: Es ist nur eine Handvoll. Benjamin gehört auch dazu.

MK: Benjamin, natürlich!

RS: Der war eine typische Entdeckung der späten sechziger Jahre. Wir Intellektuellen, die auf dem Weg ins Unterkomplexe waren, konnten uns an seiner Aura des Überkomplexen aufrichten. Leute, die alle Religion, alle Metaphysik verwarfen, konnten bei ihm eine kleinere Dosis davon nehmen, bei der man – materialistisch, marxistisch – immer noch satisfaktionsfähig blieb.

MK: Wittgenstein.

RS: Wittgenstein natürlich auch. Sein damals – bis heute – am meisten zitierter Satz lautet: »Wovon man nicht sprechen kann, darüber muss man schweigen.« Was konnte man sich nicht alles unter diesem »Schweigen« vorstellen? Mystisches, Religiöses, auf jeden Fall die Gewissheit, dass sich die Welt nicht in dem erschöpft, »was der Fall ist«. Den *Tractatus logico-philosophicus* haben die wenigsten wirklich studiert. Gerade deshalb steht dieses Werk, wie das späte Heidegger'sche, für ein vielversprechendes, raunendes Geheimnis. Was aber gibt es in der Gegenwart? Gibt es Figuren, frage ich mich, die eine Biographie lohnen? Mein Gefühl sagt mir, eher – nein.

MK: Kein Mensch würde auf die Idee kommen, eine große Biographie über Odo Marquard zu schreiben. Oder über Hermann Lübbe.

MM: Nein. Das wäre wohl nicht bestsellerverdächtig.

RS: Odo Marquard vielleicht schon eher. Auch noch so jemand wie Günther Anders, ehemals Günther Stern, womit wir wieder im Umkreis von Hannah Arendt und Adorno wären.

MK: Kann es etwas damit zu tun haben im 20. Jahrhundert, dass dieser große Zivilisationsbruch diese Menschen vor Entscheidungen gestellt hat, die dann auch lebensgeschichtlich wichtig waren?

MM: Absolut.

RS: Das ist, glaube ich, der entscheidende Punkt. Ich glaube, das kann man drehen und wenden, wie man will, alle Figuren, die wir genannt haben, die früheren sowieso, aber auch die aus der Generation Heidegger, Adorno und Wittgenstein, sie haben ein Schicksal: Ihr Werk ist das eine, aber diese Zeiterklüftung, die Versuchung des totalitären Geistes in der NS-Zeit, die Erlösungssehnsucht, die sich in die Politik verirrt, die Schrecken, aber auch das Rettende in der Emigration – man könnte sagen, die gegenwärtigen Figuren sind deswegen nicht so interessant, weil es hier nicht solche Schicksale gibt. Wir hier sind typische Friedenskinder. Das ist eigentlich ein Glück, und doch fehlt dem Leben eine objektive Dramatik. Das ist einfach so. Die große Zäsur, die wir allenfalls erlebt haben, das war '68. Deswegen gibt es darüber auch so viele Bücher, und deshalb haben wir auch ziemlich ausführlich darüber gesprochen. Es ist gewissermaßen die Schrumpfform von objektivem Schicksal. Mehr ist aufs Ganze gesehen nicht passiert. Freilich, nicht zu vergessen, es gab auch noch 1989, den Mauerfall, den Zusammenbruch des Ostblocks. Als es für einen Moment so aussah, als würde Freiheit auf der ganzen Linie triumphieren.

MM: Diese zeitweilige Stabilität ist ja immer beides, sie hat Vor- und Nachteile. Sie ist einerseits lebensdienlich, weil sehr viele Gefahren gar nicht existieren und sehr viele Entscheidungen nicht gefällt werden müssen. Andererseits wird es dadurch auf eine verbürgerlichte Art homogen, vielleicht langweilig, spröd. Es kann gar nicht mehr groß etwas passieren, was mich in Versuchung führen würde. Wir beten doch immer das Vaterunser: »Und führe uns nicht in Versuchung, sondern erlöse uns von dem Bösen.« Das Böse, die Versuchung, das waren zwischen 1900 und 1945 ganz entscheidende Kategorien, gerade die Versuchungen in einer extrem pathetischen, gefährlichen, dramatischen Zeit, die sehr viele Fehlläufe gerade auch deutscher Intellektueller provozierte. Da wirkte '68 nur mehr wie eine Schwundform von Entscheidung inmitten verbürgerlichter Wohlstandsgesellschaften. Fundamentale Veränderungen waren nicht mehr möglich. Umso erbitterter rannte dann etwa die RAF dagegen an, bis sie sich in das terroristische Verbrechertum steigerte. – Aber: Wenn wir nun die linksintellektuelle Entwicklung seit den sechziger Jahren betrachten: Da wäre Habermas, der zwar wohl kaum biographische Aufregungen produzierte, schon ein interessantes Gegenüber für einen unparteiischen Biographen.

MK: Auch Enzensberger natürlich, der Mann mit den zehn Leben. Ich gehe noch einen Schritt weiter in dieser Generation, in der es ja auch lebensgeschichtliche Brüche gibt. Jacques Derrida, in Afrika geboren, und sein verzweifelter Versuch, der Dekonstruktion bis in die Unsichtbarkeit zu folgen; Michel Foucault, auch ein interessantes Leben, das jetzt schon von der Literatur eingeholt wird, schließlich Roland Barthes. Alle drei sind interessante Subjekte für eine Biographie, bei gleichzeitiger Würdigung eines jeweils gewaltigen Werkes. Aber interessant ist, dass sie eben anders waren als der normale Professor, der in seiner Arbeitszeit zehn Bücher schreibt, von denen dann einige auch später noch gelesen werden, der im Sommer Urlaub auf Amrum macht und im Herbst eine Molkenkur in Tirol. Bei den Franzosen hat man jedenfalls das Gefühl, dass ihre Aussagen über den objektiven Geist sehr stark von subjektiven Annahmen bestimmt werden.

MM: Ja. Es gibt eine schöne Biographie von Louis-Jean Calvet über Roland Barthes. Da ist schon das Leben selbst bereits besonders, aber nicht unbedingt im Widerspiel zu den geschichtlichen Kräften und Machinationen. Das Leben als hoch individuiertes Leben ist das eigentliche Thema. Die Lungenkrankheit, die in den französischen Bergen kuriert werden muss, die weitgehend versteckte Homosexualität, das Leben zusammen mit der Mutter, er oben in der Studierkammer, sie unten in der Küche … Dazu immer große Arbeitsdisziplin, viel Eleganz und Stil, viel Humor, viel Paris … Aber noch kurz zurück zu Habermas und hierzu bloß ein Detail: In der Dissertation über Schelling von 1954 berichtet der Verfasser über sich selbst unter anderem auch, dass er am Westwall gedient habe. Das war damals noch völlig unverfänglich; später wäre es für manche Inquisitoren bereits ein Verdachtsmoment gewesen. Grundsätzlich interessant ist der große und weit gefasste Bogen über '68 hinaus in die bürgerlich-soziale Lebenswelt der BRD, die hier über viele Stufen und Adaptationen zu ihrer Theorie gelangt, wenn man so will. Er wurde damit zum größten deutschen Philosophen des Sollens im Bewusstsein, dass das Sein damit weitgehend übereinstimmte. Inzwischen allerdings leider nicht mehr mit den einst so beruhigenden Aussichten auf eine unveränderbare Normalität der gesellschaftlichen und politischen Verhältnisse.

RS: Habermas wäre der Spiegel für die geistige Entwicklung der Bundesrepublik, für die Ausnüchterung des deutschen Geistes, man könnte auch sagen: seine Zivilisierung. Das Konzept des vernünftigen Konsenses ist doch höchst zivilisiert und hat nun gar nichts Verwegenes. Ganz anders Heidegger, der davon träumte und nicht nur träumte: Lebe wild und gefährlich! Wenngleich Martin Meyer sehr richtig auch seine spießigen Aspekte herausgestellt hat. Vielleicht war Heidegger neben allem, was er sonst noch war, auch ein wild gewordener Spießer. Habermas hat demgegenüber etwas vom Klassensprecher des anständigen Deutschland. Klassensprecher wohlgemerkt, nicht Musterschüler. Denn er ist wirklich überlegen und hat nichts Beflissenes, Streberhaftes. Wenn man ihn zum Thema nimmt, müsste und könnte man jedenfalls die intellektuelle Geschichte der Bundesrepublik schreiben. Das ist inzwischen ja auch versucht worden.

MM: Habermas war eine Zeit lang doch auch ein Feuerkopf, wollte es geradezu sein. Inzwischen aber gibt es wenige Philosophen, die größere Repräsentanten der Einwilligung in das Bestehende unter den Bedingungen seiner demokratisch-liberalen Verfasstheit wären. Das ist auch eine Leistung.

RS: Dieser weltberühmte Habermas ist nie auf fatale Weise seriös geworden. Er blieb eigentlich immer recht jung.

MM: Das weißt du besser.

MK: Wenn ich mir die jetzigen politischen Philosophen angucke, ist er der Einzige, der sozusagen auf Risiko geht, wenn er politische Aufsätze schreibt. Ob man das mag oder nicht, das ist eine ganz andere Frage. Insofern ist er eben doch nicht einer der Einverstandenen, sondern in dieser Hinsicht der alte Linke geblieben. Er kämpft für etwas. Wenn man sich die lange Liste seiner politischen Aufsätze zu Europa anschaut, kann man nachlesen, dass er mehr für diese politische Idee getan hat als alle anderen zusammen.

MM: Ja, das stimmt schon, aber er hat immer mehr die Mehrheit auf seiner Seite gehabt.

RS: Habermas ist der philosophische Wanderer auf dem Weg in den Westen. Deshalb wird er auch im Ausland als nicht typisch deutsch empfunden. Bei den Franzosen, den Spaniern, in Südamerika, wo ich oft mit meinen Büchern unterwegs war, stößt er auf Respekt. Aber für typisch deutsch hält man doch eher die Philosophie, die aus dem Wald kommt, aus der faszinierenden Schattenwelt des Irrationalismus. Habermas steht für die Westintegration des deutschen Geistes. Für die Überwindung der Romantik. Wenn ich mit Heidegger oder Nietzsche, doch auch mit meinem Buch über *Das Böse* in Südamerika beispielsweise unterwegs bin, merke ich deutlich, dass für die dortige Wahrnehmung die deutsche Kultur noch immer mit dem »Romantischen« identifiziert wird. Deshalb hat mein Buch über dieses Thema dort auch so großen Erfolg. Was anderswo hängen bleibt von deutscher Kultur, ist eben das faszinierend Dunkle, die Metaphysik, die Romantik und nicht zu vergessen: die Musik!

MM: Das ewig dräuende Faustische.

RS: Genau. Aber seit der deutsche Ingenieur nicht mehr so viel gilt wie früher und die ganze Welt über das Desaster des Berliner Flughafens lacht, ist es auch mit dem »faustischen Geist« vorbei.

MM: Das ist relativ.

RS: Der deutsche Geist ist in diesem Sinne brav geworden. Spannend und gefährlich war es früher.

MM: Er ist etwas kosmopolitischer geworden, auch friedlicher und europäischer. Zum Glück. Aber das durften und das mussten wir doch erwarten, nachdem Deutschland unter Führung eines Österreichers einen Genozid unvorstellbaren

Ausmaßes durchgeführt und Europa in den Untergang getrieben hat. Es gab nach 1945 eine enorme Bringschuld. Die eigentlich sehr souverän eingelöst wurde. Das Schuldbewusstsein verhinderte danach umgekehrt, dass die Nation ein sehr politisches Bewusstsein entwickelte. In Frankreich, das sich immer noch und in vielem ganz gegen die globalen Realitäten als »grande nation« versteht, ist das politische Selbstbewusstsein wesentlich ausgeprägter; ebenso in Großbritannien, wobei viele Briten immer noch einer »imperialen« Vergangenheit nachhängen, die längst zur Chimäre geworden ist. – Helmuth Plessner hat in seinem exzellenten Buch *Die verspätete Nation* aufgezeigt, dass Deutschland diesbezüglich über den größten Teil seiner Geschichte hinweg ein Sonderfall war: spät national geeint, dann deshalb hypertroph, dann für die anderen und am Ende auch für sich selbst lebensgefährlich, danach eher entpolitisiert. Oder anders gesagt: Politik ist in Deutschland ganz wesentlich Regierungs-, also: Verwaltungspolitik. Das ist übrigens nicht ungefährlich, wenn wir sehen, wie Kräfte von rechts und teilweise auch von links in dieses Vakuum stoßen. Anderseits, sagt Plessner, habe die Verspätung das Gute bewirkt, dass in der Innerlichkeit die Philosophie und die Literatur wie nirgendwo sonst blühen konnten. Denken wir an den deutschen Idealismus als eine Form von Kompensation hierzu. Das hat ja schon Heine gut erkannt.

MK: Wir sind gerade an dem Punkt, wo eines deiner Bücher einhakt, nämlich das Buch über die Romantik. Da bündelt sich sehr vieles, was den deutschen Geist in Anführungsstrichen zur Deutlichkeit bringt oder zur Undeutlichkeit.

MM: Zur deutlichen Undeutlichkeit.

MK: Vielleicht kannst du noch ein Wort zu deinem Romantik-Buch sagen?

RS: Ja, es gehört wirklich ins Zentrum dieser ganzen Überlegungen. Die deutsche Nachkriegskultur kommt mir manchmal wie ein trockengelegter Alkoholiker vor. Die deutsche Kultur ist abstinent, und es gibt sehr viele Leute, die darüber wachen, dass es auch so bleibt. Jeder Schluck Metaphysik ist für die korrekten Beobachter gefährlich. Dabei benutze ich den Begriff »romantisch« in dem Sinne, wie ihn Novalis definiert hat, »dem Gemeinen einen hohen Sinn, dem Gewöhnlichen ein geheimnisvolles Ansehen, dem Bekannten die Würde des Unbekannten, dem Endlichen einen unendlichen Schein geben«.

MM: Die Welt muss romantisiert werden.

RS: Die Welt muss romantisiert werden! Das war ein ganz klares Bewusstsein, dass wir mit dem Verschwinden der Religion Gefahr laufen, in die Banalität zu rutschen. Diese Säkularisierung als Entzauberung ist nicht einfach so ein Prozess, den man kritiklos unterstützen kann, spätestens seit dem 20. Jahrhundert weiß man, dass diese Entzauberung oft schwer erträglich ist und in den totalitären Bewegungen zu einer absichtsvollen Wiederverzauberung geführt hat. Die politischen Ersatzreligionen haben in dem Moment ihre Chance bekommen, als die wirkliche Religion schwach wurde, übrigens eine Einsicht, die Novalis schon treffend formuliert hat: Wenn Gott verschwindet, regieren die Gespenster, sagt er. Und die Romantik war ein Versuch des deutschen Geistes, die Religion als ästhetische Praxis fortzuführen. Nie hatte das Ästhetische, die Literatur, die Musik, ein so ungeheures Ansehen wie in diesem Moment. Das war etwas geradezu Heiliges. Die Madame de Staël, die Deutschland damals bereiste, schrieb darüber, wie die Deutschen still dasitzen und Musik hören und nicht unaufhörlich plappern wie in Frankreich. In Deutschland saß man, damals jedenfalls, schweigsam und ehrfürchtig und lauschte dem quasi-religiösen und romantischen Musikereignis. Sie wunderte sich und bewunderte es auch ein wenig.

MM: Heine, ich habe es vorhin erwähnt, hat dasselbe gesagt in Bezug auf die Philosophie: Der deutsche Geist rumort in sich selbst und hat dabei seine Nachtmütze auf. Aber, sagt Heine dann auch: Wehe, wenn er explodiert, wird es vulkanisch. Die Romantik war ebenfalls eine Epoche der Verinnerlichung im Sinne eines Antidots gegenüber dem, was politisch (noch) nicht zusammenkam. Oder anders: Romantik als Reflex auf die Französische Revolution im Bewusstsein eigener politischer Ohnmacht.

RS: Wir wissen über die Gefahren, die uns das alles eingebrockt hat, gut Bescheid. Und doch würde ich sagen: Man muss schon sehr vom Über-Ich gelenkt sein, um sich dem Zauber des Romantischen zu verschließen. Ich jedenfalls kann mich dem nicht entziehen. Was uns jetzt in der Kultur fehlt, ist gewissermaßen der Alkoholgehalt, das Metaphysische. Deren Spurenelemente machen die große Literatur der ersten Hälfte des 20. Jahrhunderts aus. Selbst bei einem so rationalen Geist wie Robert Musil läuft alles auf dieses berühmte Kapitel der Geschwisterliebe zwischen Agathe und Ulrich hinaus, die Beseligung eine Sommertages, eine helle Mystik, die steht im Mittelpunkt dieser romantischen Neusachlichkeit. Das Romantische als Spurenelement ist allgegenwärtig. Bei Hofmannsthal ist das so, bei George ebenfalls. »Ein Knecht zog aus hinaus zum Wald / Sein Bart war noch nicht flügg, / Er lief sich irr im Wunderwald, / Er kam nicht mehr zurück«. Thomas Manns *Zauberberg* ist ein zwar ironischer, sonst aber durchaus metaphysischer Roman – beste deutsche Tradition, die schon immer eine Vorliebe für höhergelegene Sanatorien hatte. Die Ausdrücke »metaphysisch« und »romantisch« verwende ich hier fast im selben Sinne. Beidesmal die Ahnung, dass das Leben reicher ist, als wir gewöhnlich denken. Das Romantische und die Metaphysik gehen davon aus, dass uns unter der Herrschaft eines robusten Realitätsprinzips etwas Entscheidendes fehlt. Deswegen drängt sich bei mir der Eindruck auf, dass wir gewissermaßen jetzt schon zwei Säkularisierungen hinter uns haben. Die erste Säkularisierung entzauberte die klassischen Religionen und drängte sie an den Rand.

MM: Totes Gehölz, wie es bei Hegel heißt.

RS: Und die zweite Säkularisierungswelle hat die religiösen Glutkerne in der Literatur auch noch ausgeblasen.

MM: Oder die metaphysischen.

RS: Oder die metaphysischen. Das hängt sehr eng zusammen. Zwar werden sie historisch noch rezipiert, aber heute spielt auch diese, wie soll man sagen, Schwundstufe des Metaphysischen in der Literatur keine Rolle mehr. Deswegen habe ich auch den Eindruck: Die Literatur wird ziemlich beliebig. Es fehlt eine bestimmte Temperatur, ein bestimmtes Feuer, eine bestimmte Verrücktheit. Einer der wenigen jungen Autoren, die das spüren, ist gegenwärtig Simon Strauß, der Sohn des Botho, der hier allerdings auch zuständig ist.

MM: Daraus lässt sich natürlich die Frage ableiten, ob das »phylogenetisch« einfach nicht mehr möglich ist. Oder ob es dort, wo es noch zaghaft wächst, sofort in die rechte Ecke gestellt und neutralisiert wird. Zwei Beispiele: Der Maler Anselm Kiefer, der an solche Themen und Mythen und Vergangenheiten wieder anknüpft, wird zum Beispiel in Paris im Centre Pompidou monumental ausgestellt, und alle Franzosen gehen hin, weil sie den deutschen Wald wieder sehen und in sich das Grauen vor dem einstigen Erzfeind spüren wollen, der jetzt ein Erzfreund geworden ist. Anderswo und vor allem in Deutschland aber wird Kiefer als einer angesehen, der absichtsvoll in die falsche Richtung malt, der alles historisch-politische Wurzelwerk aus den Mottenkisten hervorholt und damit – und obendrein noch politisch unkorrekt – eine Art von metaphysischem Kitsch produziert. Das andere Beispiel, der Zweite, der auch immer mit Sanktionen der Moralisierer rechnen muss: Botho Strauß; auch er ein Metaphysiker, ein Schriftsteller der Geheimnisse und Allusionen, hie und da ein Apokalyptiker, immer spannend, aber ebenfalls nicht korrekt und von manchen, ja von vielen der Intelligenzija und der Medien – was nicht immer kongruent ist – angegriffen, ja geächtet. Die Fronten sind bekannt. Die Frage bleibt dann, ob das Thema der schlimmstmöglichen Vergangenheit Deutschlands immer noch zwangsläufig fast alles »Geistige« imprägniert; oder ob diejenigen, die wieder und trotz aller Verführungen das »Metaphysische« einzuklagen versuchen, fast automatisch, reflexhaft ausgeschlossen werden.

RS: Ich würde der letzten Variante zustimmen, dass es natürlich immer wieder Versuche des Ausschlusses gibt. Ich würde auch noch meinen Freund Peter Sloterdijk dazurechnen, er ist auch ein krypto-metaphysischer, unglaublich verspielter, unglaublich facettenreicher philosophischer Autor. Aber gerade deswegen wird er auch angefeindet.

MK: Handke wäre übrigens in dem Zusammenhang auch zu nennen.

RS: Der ist ein literarischer Taoist, der gehört auch dazu. Man kann nicht einfach behaupten, dass diese Autoren ganz an den Rand gedrängt werden, aber irgendwie findet man sie nicht korrekt, da sucht man dann nach einer vermeintlichen politischen Sünde, bei Handke war es die Verteidigung Serbiens, bei Sloterdijk die Elmau-Rede. Ich würde nun sagen, dass aber genau das, was sie darstellen, den Geist interessant macht. Das muss man nicht nur verteidigen, sondern man muss ganz offensiv sagen: Wenn wir einen Geist, eine Literatur haben wollen, die wirklich etwas Öffnendes hat, dann kommt es auf solche Bücher an. Bohrer predigt das schon lange. In die Literaturkritik ist leider auch dieser frömmelnde Ton eingezogen, wie in der politischen Szene überhaupt. Der politische Kitsch, der korrekt daherkommt. Das Leben kommt dabei jedenfalls nicht so richtig zur Sprache. Mich überkommt immer ein Gefühl der Enge, wenn ich diese Pastoren der Korrektheit höre. Die begreifen nicht: Dichtung gibt es, weil die Menschen nicht ganz dicht sind. Literatur ist das Abenteuer der Öffnung. Aber nicht in diesem ideologischen Sinn, wie heute jeder weltoffen sein soll. Das ist dann tatsächlich jeder, der nach Mallorca oder nach Florida fliegt. Mir geht es um eine andere Öffnung, eine für die Tiefe, was heute auch bereits etwas Anrüchiges hat.

MM: Nun, das post-metaphysische Zeitalter ist ja schon lange ausgerufen, damit werden ganze Seminare und Buchreihen bespielt; die Metaphysik ist in das Umweltbewusstsein abgewandert. Politische Korrektheit verlangt, das Metaphysische, das Steile, das Pathetische und so weiter unter Verschluss zu halten; selbst oder gerade wenn sich darin ein anthropologisches Grundbedürfnis nach dem »Jenseitigen« ausdrücken würde. Die Kunst könnte natürlich wieder »metaphysisch« werden. Das wäre eine echte Antwort auf Warhol, vorausgesetzt, sie gelänge auch ästhetisch. Anderseits müssen wir ja auch zugeben, dass die ganze deutsche Polit-Mystik von den Nibelungen über Wagner und Bismarck bis zum Nationalsozialismus auch reichlich Schlimmes hervorgebracht hat. Ein so tief demokratisch föderiertes Land wie die Schweiz ist da einerseits ärmer, anderseits vernünftiger geblieben.

RS: Doch, großartig euer Jeremias Gotthelf, ein ganz großer Autor. Oder Keller.

MM: Ja, sicher, aber die Vernunft, der *bon sens*, das Bewusstsein von Maß und Grenze, ist eben auch und noch stärker vorhanden. Es gibt die Grenzen, die wir respektieren, manchmal aus freien Stücken, manchmal protestierend oder seufzend.

MK: Ich glaube, den Sinn für das Prekäre, Ungesicherte hat es in der Schweiz auch immer gegeben, aber in den jetzigen Zeitläuften werden diese Figuren am Rand gehalten. Wer so hohe Berge hat, steht immer auch am Abgrund. In der Schweizer Literatur wimmelt es von Selbstmördern und Verzweifelten. Eine Figur wie Ludwig Hohl wollte, wenn er auf den Berg ging, in die Tiefe des Berges steigen, diese Spannung zwischen oben und unten prägte seine Arbeit. Es gibt auch in der Schweiz eine ganze Reihe solcher Autoren, nur in der offiziellen Wahrnehmung kommen die im Moment nicht als große Schweizer Autoren vor. Kein Mensch außerhalb dieses Zimmers würde sagen, Ludwig Hohl oder Philippe Jaccottet wären zwei der großen Schweizer Autoren. Sie sind es aber.

MM: So ist es. Einer der wenigen, der noch voll für die Metaphysik zuständig war, war Dürrenmatt. Dürrenmatt hat das leidenschaftlich und oft thematisiert, zum Teil mit der Gewalt des Klamauks, zum Teil subtil phantasievoll in seinen Erzählungen und Reflexionen. Anderseits: Bei einem Stück wie dem *Meteor* ist es schwierig, heute noch das Revolutionäre, das Bilderstürmerische herauszusehen, herauszuhören. Im Grunde genommen ist der Schweizer wohl kein mit einem dringenden Bedürfnis nach Metaphysik in die Welt geborener Mensch. Wir haben das Gen des Hoteliers in uns. Ausnahmen gibt es natürlich. Zuletzt vielleicht Robert Walser und Karl Barth. Das bleibt ein weites Feld. Die Deutschen waren in Sachen Metaphysik die Weltmeister. Das ist jetzt obsolet geworden; oder es wird verboten.

RS: In Deutschland aufgrund bestimmter Konstellationen. Da ist die Zeit um 1800 dann doch auch sehr wichtig. Da haben die Literatur, die Kunst, die Kultur und die Musik, worauf ich schon hingewiesen habe, in einem erheblichen Maße das Erbe der Religion angetreten. Deswegen steht am Ende des Jahrhunderts so eine Erscheinung wie Richard Wagner, der wirklich Religionsstifter in Sachen Kunst war.

MM: Kunst-Religion.

MK: Im Guten wie leider auch im Schlechten.

RS: Kunst-Religion. In Bayreuth das Publikum wie in einer Kirche zu versammeln und ihm die Fluchtwege abzuschneiden, um die endogene Hitze aufrechtzuerhalten, das ist schon ein sehr deutscher Geniestreich. Das Berserkerartige lässt sich nicht übersehen. Unfreiwillig komisch wirkt es dann, wenn unsere Politiker, die ja so gar nichts Böses im Schilde führen, dort auftauchen. Sogar Merkel.
  Über dieses sehr deutsche Phänomen schreibe ich auch in

meinem Romantik-Buch. Mit dem Untertitel *Eine deutsche Affäre* wollte ich übrigens nicht behaupten, in anderen Ländern hätte es keine Romantik gegeben. Aber die Deutschen hatten eben eine besondere Affäre mit ihr, eine heikle, auch verhängnisvolle Beziehung, man denke nur daran, wie Thomas Mann im Ersten Weltkrieg versucht hat, die deutsche romantische Kultur martialisch gegen die westliche Zivilisation in Stellung zu bringen. In solchen Zusammenhängen enthüllt das »Romantische« seine ganze Ambivalenz, im Guten wie im Bösen.

MM: Da können wir noch einhaken. Wir müssen konkret werden, wenn wir das Reden von »Wir sollen« oder »Wir müssen« oder »Wir dürfen nie und nimmer« untersuchen. Wo sitzen die Zensurbehörden und die Instanzen der politisch-moralischen Korrektheit, die den ästhetischen Freiraum, den provokativen Einfall verdächtig machen? Sind es die Medien, sind es die Hochschullehrer, die Gymnasiallehrer; sind es die Politikerinnen und Politiker, die dafür sorgen wollen, dass der deutsche Geist nicht wieder überbordet? Wo sind die Machtträger?

RS: Wo ist die Macht? Die Erziehungseinrichtungen sind die Basis. Wir haben schon darüber gesprochen, was passiert, wenn in den Schulen mehr und mehr illiterate Lehrer arbeiten, zum Teil ausgebildet von Achtundsechzigern, die bei Romantik nur Faschismus hören. Da fand die Prägung statt. Wenn brave Professoren an den Universitäten unberührt vom Zauber des Metaphysischen sind, ihn dekonstruieren oder sich ihn sonst wie vom Leibe halten, wenn also überall das Korrekte und irgendwie Nützliche regiert, dann werden literarische Geschmäcker verstümmelt. Da kann ich nur hoffen, dass sich aus Widerspruchsgeist ein Kokettieren mit romantisch-metaphysischen Motiven entwickelt. So wie sich ein antiautoritäres Gegenlager aufgetan hat, kann ich nur hoffen, dass die klügsten jungen Leute sagen: Nein, jetzt sind wir gerade darauf gespannt, was die Lehrer uns vorenthalten, gerade das macht uns scharf. In den Zeitungen findet man noch eher Leute, die eine Lanze brechen für das, worüber wir jetzt reden. Am schlimmsten ist es an den Schulen und den Universitäten.

MM: Noch einmal kurz zu den Medien. Ich weiß noch, dass der einstmals wichtigste Kunst-Richter der Bundesrepublik, Marcel Reich-Ranicki, sich über Hölderlin wesentlich so äußerte, »dieser Hölderlin« sei just ein solcher Romantiker der deutschen Metaphysik und des Verschwommenen, des Unklaren gewesen, dass er geradezu prädestiniert gewesen sei, von den Nazis entsprechend aufgenommen zu werden.

MK: Die Engel, immer die Engel. Reich-Ranicki über Hölderlin: Immer hat er es mit den Engeln! Wenn wir von der Gegenwart reden, muss man schon sagen, dass der Versuch, das Artistische zugunsten einer irgendwie definierten Rationalität des Alltagslebens mit seinen Tücken auszutreiben, zugenommen hat. Literatur als Kunst steht nicht hoch im Kurs. Ich glaube, es hängt auch damit zusammen, dass es nicht mehr gewünscht wird. Es wird nicht mehr gelesen, was nicht in den

Rahmen passt. Alles wird ordentlich gemacht. Es gibt viele schöne Bücher, aber es fehlt ein Stachel, wie wir ihn von der früheren Literatur kennen. Wenn etwas den Rahmen sprengt, ist es doppelt gerahmte Fantasy. Wahrscheinlich hat die Poesie noch die besten Möglichkeiten, sich den Zensurbehörden des Mainstreams zu entziehen. Da gibt es keinen, der in einem Gedicht ein falsches Frauenbild ausmacht. Gedichte sind so unwichtig, dass man sie generös übersieht. Es sei denn, sie stehen an einer Hauswand und werden als öffentliches Ärgernis empfunden.

MM: Natürlich.

MK: Das wird alles begriffen als notwendige Schritte in eine bestimmte Emanzipation. Insofern ist auch alles korrekt, nur hat es mit Literatur nichts mehr zu tun.

MM: Aber es hat Einfluss auf die Art, wie geschrieben wird. Da laufen seit längerem Prozesse einer sehr starken Verinnerlichung. Wenn schon die Kinder inzwischen so sozialisiert werden, dass sie wissen sollen, was sie denken dürfen und wie sie sich künstlerisch ausdrücken, ist es reichlich weltfremd, noch zu erwarten, dass plötzlich wieder große Genies an die Türen klopfen. Wir haben nicht einmal die zynische Variante dieses Stachels in der Person eines Schriftstellers wie Houellebecq. Der hat die Franzosen und noch ein paar andere Menschen aufgerüttelt und zugleich unterhalten. Eine höchst farbige Existenz, subversiv, überdreht, einer, der die Würze in die Suppentöpfe der Literatur bringt. Aber seien wir ehrlich: Eine solche Figur wäre in deutschen Landen nie und nimmer möglich. Es fehlte schon am Humor, an der Ironie, an der Frechheit, am Denken gegen den Strich. Loriot war breitenwirksam fast schon das Äußerste, was in einer noch nicht mit politischer Korrektheit geschlagenen Epoche goutiert wurde. Und er blieb im Kern ja von vollendet adliger Höflichkeit.

MK: Unter den Jüngsten findet man bei uns die schlimmsten Reaktionäre, sie sind schlimmer als die Angsthasen, die alles Fremde und alle Fremden ablehnen. Von rechts ist nur noch Unheil und aggressives Spießertum zu erwarten. Vor allem aber: kein Sinn für Kultur, schon gar nicht für das, was du dir ersehnst. Die rechte Wende, die wir gerade erleben, führt meines Erachtens schnurstracks in die digital gestützte Barbarei. Das könnte ein Thema sein für eine inspirierte Literatur.

RS: Ich habe den Eindruck, wenn die deutsche Literatur nicht das Thema Nationalsozialismus hätte, dann hätten wir gar kein richtiges Thema. Vor lauter Verzweiflung eilt man nach Brüssel und schreibt einen Schlüsselroman. Ich glaube, das muss man als Ausdruck der Panik sehen.

MM: Diese Diagnose ist einerseits völlig richtig. Anderseits scheint mir, dass Menasse eigentlich vor allem einer Projektion verfallen ist. Dieser kluge, witzige und sehr sentimentale Geist – kein Deutscher … – trauert immer noch dem kakanischen Großreich nach, wie es nach 1918 in die Brüche ging. Brüssel als moderne Substitution. Was natürlich ziemlich abstrus ist …

RS: Wahrscheinlich würde ein besserer Roman entstehen, wenn die Engländer wirklich ausscheiden. Ein Brexit-Roman könnte Shakespeare'sches Format haben. Wenn Genie dazukommt.

Wie schreibt man eine Biographie?

Martin Meyer: Nun etwas ganz anderes: Es muss ja auch Spaß machen, Biographien zu schreiben und sich in einem bestimmten Modus, je nach Thema, mit dem Betreffenden zu identifizieren, dann auch wieder von ihm zu distanzieren. Ein Hausgast bei dir und deiner Frau, bis das Buch fertig ist, dann kommt der nächste Untermieter. Wie lebt sich das? Und vor allem auch: Wie schreibt sich das? Dies alles mitsamt dem Wust der Materialien muss ja irgendwie bewältigt sein.

Rüdiger Safranski: Erst einmal ist es eine Lebensbereicherung, wenn ich das Leben eines anderen beschreibe und sein Werk. Es ist im emphatischen Sinne ein großes Vergnügen, wenngleich es auch eine große Arbeit ist, das ist klar. Im frühen 18. Jahrhundert hatte der Ausdruck Vergnügen noch einen ganz großen Klang. Vergnügen in Gott hieß es da. Es geht nicht so hoch hinaus, aber es ist wirklich ein Vergnügen, und ich könnte mir mein Leben ohne diese Biographien, die ich geschrieben habe, auch gar nicht vorstellen. Die Arbeit ist sehr intensiv. Es geht tief hinein ins Werk, in die Lebenszeugnisse, Briefe, auch die Sicht der Zeitgenossen, die Atmosphäre der Epoche muss erkundet werden. Deshalb kann ich sagen: Die Lebenden kenne ich meistens nicht so gut. Um einen Toten kann man gewissermaßen herumgehen, das Leben ist abgeschlossen. Und doch meide ich die falsche Vertrautheit, diese Überlegenheit, bloß weil man das andere Leben überblickt. Das kann ich an manchen Biographien nicht leiden, diese Gewinnerpose des Späteren. Nein, ich habe ein sehr respektvolles, manchmal liebevolles, aber auf jeden Fall empathisches Verhältnis zu meinen Figuren. Am meisten übrigens habe ich E. T. A. Hoffmann, Schopenhauer und Schiller geliebt. Da habe ich mich bei den letzten Sätzen sogar mit Tränen niedergesetzt. Traurigkeit, Abschied, doch natürlich auch Erleichterung. Das ist so, weil ich meine Bücher wirklich von Anfang bis Ende durchschreibe. Am Ende ist Schluss. Das Material, die Recherchen, die Vorüberlegungen für das ganze Buch liegen bereit und werden vor dem jeweiligen Kapitel noch einmal aufgefrischt. Und dann geht es los. Ich habe mein eigenes System, nicht mit Zettelkasten, aber mit Kladden, in die ich alles unter Stichpunkten und Kapiteln halbwegs geordnet eintrage. Die Kapiteleinteilung überlege ich mir schon sehr früh. Dann fange ich an, die jeweiligen Anfänge immer mit der Hand, damit ich gut hineinkomme.

MM: Alles mit der Hand?

RS: Die Arbeitsnotizen und Exzerpte mit der Hand, und dann, wie gesagt, die jeweiligen Anfänge. Wenn die Vorarbeiten fertig sind, das Material gesammelt, gesichtet und schon tüchtig durchreflektiert wurde, dann kann es losgehen. Es ist wichtig, den Punkt nicht zu verpassen, wo man endlich mit dem Schreiben beginnen sollte. Das ist dann der Augenblick der Wahrheit. Es ist ein wenig so, als würde man das über einem Abgrund gespannte Seil betreten. Selbstvertrauen ist nötig, doch auch Tempo, sonst kann man leicht abstürzen. Das verträgt sich durchaus mit einer gewissen Umsicht, nicht aber mit skrupulöser Zögerlichkeit. Ich fange also mit dem Anfang an, mit dem ersten Kapitel, und schreibe dann Kapitel für Kapitel in der festgelegten Reihenfolge. Ich versuche durchzuschreiben, mit einer Pause vor jedem Kapitel. Dieses Durchschreiben verhindert die Stückelung. Der Erzählton kann sich entfalten, und der trägt einen dann auch über das Seil und gibt eine eigene Kraft. Wenn es gut läuft, habe ich irgendwann das Gefühl, das Buch schreibt sich fast von alleine. Zurzeit schreibe ich gerade ein Buch über Hölderlin. Wenn dieses Gesprächsbuch auf dem Markt ist, ist auch der »Hölderlin« erschienen. Jetzt liefere ich den Hölderlin gerade in Tübingen in der Psychiatrie ab, wo er wahrscheinlich eine Maske aufgesetzt bekommen hat. Autenrieth, Leiter der Klinik und Reformpsychiater, dachte, wenn man den Irren eine Maske aufsetzt, werden die Gesichtszüge stillgestellt, und die Beruhigung geht dann von außen nach innen. Eine abenteuerliche Theorie, selbstverständlich. Da sitzt dann der arme Hölderlin mit Maske, es ist kein Karneval, es ist keine Fastnacht, es ist eine Irrenanstalt, er sitzt da mit Maske. So weit bin ich, es kommen noch zwei Kapitel, das eine über das Leben im Turm am Neckar bis zum Tod, 36 Jahre, die andere Hälfte des Lebens, das andere über die Wirkungsgeschichte.

Ich vollziehe also in meinen Biographien das Leben wirklich nach, lebe es noch einmal mit, was für mich nicht möglich wäre bei einer stückelnden, montierenden Schreibweise. Das ist nicht meine Methode, obwohl auch ich am Computer, der das begünstigt, schreibe, und zwar seit dem Heidegger-Buch Anfang der neunziger Jahre.

MM: Also schon ziemlich früh?

RS: Na ja, normal.

Michael Krüger: Heidegger hat ihn inspiriert, mit dem Computer zu schreiben. Das Gestell kam auf den Tisch. – Aber den Freund, der da vor dir sitzt und sein Leben erzählt, hast du ja nicht wie Gott den Adam erschaffen. Er war ja, wenn auch in anderer Gestalt, schon vorher da. Hast du die anderen Goethe-Biographien gelesen? Bei Heidegger gab es keine.

RS: Über Goethe gibt es natürlich unabsehbar viele Biographien. Die für mich beste ist immer noch die von Richard Friedenthal. Über Hölderlin gibt es keine wirklich gute Biographie, allenfalls die von Wilhelm Michel aus den vierziger Jahren des letzten Jahrhunderts. Deswegen hatte ich auch das Gefühl, es sei jetzt an der Zeit, eine zu schreiben. Es gibt ein großartiges Buch von Pierre Bertaux. Das ist auch biographisch angelegt, allerdings mit einer steilen These, wonach Hölderlin seine Verrücktheit eigentlich nur simuliert habe, dass er also eigentlich gar nicht krank war. Diese These vom edlen Simulanten ist natürlich nicht zu halten, weil man nicht 36 Jahre simulieren kann, das geht nicht, aber es stecken sehr viele gute Beobachtungen im Buch, auch ingeniöse Interpretationen. Mir gefällt die Leidenschaft von Bertaux. Auf ihn habe ich mich sehr eingelassen.

Man muss sorgfältig sein bei dem, was man aufnimmt. Manche Bücher benützt man nur als Steinbruch. Beispielsweise die zweibändige Goethe-Biographie von Nicholas Boyle, dem Engländer. Er hat dem Buch keine richtige Form gegeben, es quillt über. Man muss schon sehr genau wissen, was man will, sonst ertrinkt man in der Materialhuberei und den endlosen, nicht fest umrissenen Interpretationen. Bei ihm ist mir sehr deutlich geworden, dass ein Buch eine Entscheidung voraussetzt. Bei Hölderlin war es besonders wichtig, sich für seine eigene Annäherung zu entscheiden. Weil er ein so sehr rätselhafter Poet war, ist er umnebelt von schwer erträglichem Gemurmel und Geraune. Freilich gibt es auch hervorragende Darstellungen aus dem George-Kreis, wo man Hölderlin um 1900 überhaupt erst wieder entdeckt hat. Nicht zu vergessen sind auch Peter Szondi und Wolfgang Binder in Zürich.

MM: Der war wahrhaftig Hölderlin-Spezialist.

RS: Spezialisten, gut und schön. Ich erinnere aber an Goethe, der sie einmal ärgerlich »das graue Netz« nannte, das sich auf Werk und Leben legt. So dass man am Ende den Blick für das Wesentliche verliert. Ich habe gerade wieder bei Hölderlin gemerkt, wie erfrischend und wie belebend es eigentlich ist, auf die unmittelbaren primären Quellen zurückzugehen und das Meinungs- und Interpretationsgestöber hinter sich zu lassen.

MK: Hölderlin ist, glaube ich, ein sehr gutes Beispiel dafür, dass man einen Autor vom Schlackenmantel der Interpretation befreien muss, um ihn wieder neu und unbefangen lesen zu können. Es gab in meiner Jugend einen Menschen (ich glaube, es war Heißenbüttel), der gesagt hat, er verstehe gar nicht, was der ganze interpretatorische Humbug soll. Die Sonne scheint, komm, ins Offene, Freund, wir gehen auf den Berg, es ist schönes Wetter, aber da kommt eine schwarze Wolke, da müssen wir aufpassen, dass wir rechtzeitig zurück sind. Das war sehr flapsig übertrieben dargestellt, aber es war natürlich das bewusste Gegenprogramm zur pathetischen Heiligenverehrung, wie sie von Heidegger, aber auch von anderen praktiziert wurde und Hölderlin, der dunkel genug war, noch einmal verdunkeln wollte. Wir müssen Hölderlin wieder lesen, am besten mit der Stimme von Bruno Ganz im Ohr, der wie kein anderer die Verse Hölderlins plastisch vergegenwärtigt hat. Auch dein Buch ist eine Aufforderung, Hölderlin noch einmal zu lesen. Ich bin sehr gespannt, ob das Jubiläumsjahr 2020, in dem Hölderlin gegen Beethoven antritt, dazu führt, einen bedeutenden Dichter deutscher Sprache überhaupt erst kennenzulernen.

Standortbestimmungen

Michael Krüger: Du hast nicht nur Biographien geschrieben, sondern immer wieder in philosophischen Essays deinen Standort in der Gegenwart markiert.

Rüdiger Safranski: Diese Bücher, auf die du anspielst, bedeuten mir viel. Das Wahrheitsbuch *Wieviel Wahrheit braucht der Mensch?*, das 1990 erschienen ist, versucht, einige philosophische Grundüberzeugungen zu formulieren wie zum Beispiel die Notwendigkeit einer Sphärentrennung im Leben. Die Einsicht also, dass die Sphäre der Politik wirklich eine andere ist als die Sphäre der Kultur, der Dichtung, der Philosophie und so weiter und dass es in diesen Sphären auch jeweils verschiedene Logiken gibt. Spontan aber verlangt jeder nach Einheit, nach dem Totalen, dem In-sich-Stimmigen. Und das kann sich gefährlich auswirken. Ich nehme die Gedankenspur von Max Weber auf, der festgestellt hat, dass die Moderne gerade dadurch definiert ist, dass es verschiedene Wertesphären gibt und dass man diese Unterschiede wirklich zutiefst begreifen muss, dass es da etwas gibt, was wir wirklich lernen müssen. Es kann einen aber auch zerreißen. Doch dieser Gedanke macht auch frei, gerade weil er nicht aufs Totale zielt, er gibt Mut, sich auf das Experimentelle der Philosophie einzulassen und auch der Literatur zuzubilligen, dass sie eben nicht korrekt sein braucht, sondern dass sie das Menschenmögliche erkundet, die geistigen Dimensionen ausweitet im Wissen darum, dass man nicht eins zu eins daraus Politik machen kann. Es hilft auch gegen den Moralisierungszwang. Ich halte es mit Spinoza, der erklärte, nur wenn man nicht alles tun darf, kann man alles denken. Deswegen beschreibe ich auch die Betriebsunfälle, die geschehen, wenn die Unterschiede der Sphären nicht respektiert werden. Phantasie an die Macht – ist ganz schön, kann aber sehr gefährlich werden. Das »Wahrheitsbuch« war für mich also ein Grundsatzbuch. Es gibt darin eine Portraitgalerie, von Rousseau über Kleist und Nietzsche bis zu Kafka. Die ersten drei wollten ganz von der Wahrheit eingehüllt sein. Kafka aber hat dem Verlangen nach Totalisierung widerstanden, allerdings nicht ganz freiwillig, sondern auch aus Not. Er hat etwas Geniales gemacht aus dem existentiellen Grundgefühl, in der Fremde zu sein und zu bleiben, in einer Fremde auch im metaphysischen Sinn.

Aus der Distanz würde ich heute sagen: Ich habe damals zu sehr auf die Ironie gesetzt, um so die Relativität aller Wahrheitsentwürfe deutlich zu machen. Ich würde dieses Buch heute so nicht mehr schreiben, weil mittlerweile Ironie auch ein intellektueller Massensport geworden ist. Manchmal ist mir zu viel Ironie im Spiel. Die Ironie ist dann eine Ausflucht, um sich nicht auf irgendetwas festlegen zu müssen. Gleichwohl hat das »Wahrheitsbuch« für mich eine bleibende Bedeutung, als Standortbestimmung oder vielleicht besser als intellektueller Reisebericht, mit manchmal sogar poetischen Qualitäten.

Martin Meyer: Wie weit war es auch ein sozusagen autobiographisches Buch im Reflex auf '68?

RS: Das war es, denn ich als Maoist war ja wirklich der Verführungskraft des totalitären Denkens erlegen. Wenngleich nur in der Komödie, es war sogar nur eine Komödie der Komödie. Mich hat Richard Rortys Buch *Kontingenz, Ironie und Solidarität* sehr beeinflusst. Dort taucht »Ironie« sogar im Titel auf. Eine befreiende Botschaft des Buches war: Kulturell kann man ruhig extrem sein und politisch trotzdem vernünftig bleiben, vorausgesetzt, man trennt die Sphären.

MM: Also systemfremde Übernahmen eines Benimm-Codes zur Verharmlosung des Ästhetischen. Damit kommen wir auf die funktionalen Aspekte der Literatur und der Produktion von Literatur und also auch auf Niklas Luhmann. Hat er dich in irgendeiner Weise beeinflusst?

RS: Für mich war Luhmann immer ein interessanter Autor. Es gibt keinen, der so wunderbar über die, wie er das genannt hat, »simultane Absenkung der reziproken Relevanzschwelle« schreibt, mit andern Worten, über das Gefühl der Verliebtheit. Luhmann hatte auch etwas von einem Humoristen. Das Kunststück einer hohen Theorie auf Wilhelm-Busch-Niveau. Großartig. Vor Luhmann jedenfalls werden die meisten gegenwärtigen Soziologen zum Gespött.

Wie ein Insektenforscher, mit dem Blick eines genialen Verwaltungsbeamten, schaut er auf das gesellschaftliche Treiben, auf dieses geordnete Tollhaus. Er ist auch ein Nachfahre der Hegel'schen Ganzheitsphilosophie mit soziologischen Mitteln: Seine Ausgangsidee ist die Unterscheidung innen – außen, so gliedert sich die Gesellschaft, und dies bestimmt auch die Geschichte, in der die Akteure, Einzelne oder Kollektive, mit einem jeweiligen Außen umgehen. Die Spannung Exklusion – Inklusion also ergibt die Dynamik und die offene Geschichte. Das haben die Inklusionsidealisten von heute nicht begriffen. Der Traum von der vollkommenen Inklusion ist eigentlich ein Traum vom Ende der Geschichte durch vollkommene Homogenisierung. Kojève hat das zu bedenken gegeben. Das alles hat handfeste politische Konsequenzen, zum Beispiel in der Europapolitik. Wer Europa vollkommen inkludieren will, also auf einen Bundesstaat Europa mit entmachteten Nationalstaaten zusteuert, wird nicht die Einheit erreichen, sondern das Gegenteil, wie die gegenwärtige Krise zeigt. Begrenzte Inklusion wäre richtiger, das würde heißen: Wahrung der nationalstaatlichen Volkssouveränität, denn ein europäisches Staatsvolk gibt es nicht und kann auch nicht volkspädagogisch herbeigepredigt werden. Doch Luhmann hat nicht nur für mein politisches Denken im Allgemeinen eine Anregungskraft. In meinem Buch *Das Böse oder das Drama der Freiheit* spielt sein Gedanke über die dynamische Spannung zwischen innen und außen auch eine maßgebliche Rolle.

Diese Bücher, die ich zwischen den Biographien geschrieben habe, entstanden auch aus der Reflexionsmasse bei der Arbeit an den Biographien. Beim »Bösen« waren es Schopenhauer und Heidegger. Schließlich war aber auch ein Anstoß sehr wichtig, der von dir, Michel, kam. Ich hatte damals in der

FAZ einen großen Essay geschrieben über die »Wiederkehr des Bösen«, das war in den neunziger Jahren, Anknüpfungspunkt war der jugoslawische Bürgerkrieg und die Illusion vom guten, liberaldemokratischen Ende der Geschichte. Du, als mein Verleger, sagtest zu mir, mach ein Buch daraus. Mir leuchtete das sofort ein. Ich habe dann in Karlsruhe Vorlesungen zum Thema gehalten. Bei der Arbeit an dem Projekt merkte ich, wie rousseauistisch immer noch gedacht wird, im Sinne von: Der Mensch ist eigentlich gut, es gibt ein paar Defizite, meistens ist die Gesellschaft daran schuld. Beseitigen wir die gesellschaftlichen Defizite, kann die volle Güte des Menschen zum Durchbruch kommen. Der skeptische Blick auf den Menschen, auch auf sich selbst, geht in dieser Sichtweise verloren. Der »sündige Mensch« verschwindet. Auch das »Böse« verschwindet. Natürlich nicht in der Wirklichkeit, nur im Denken. In meinem Buch beginnt der Denkweg beim Sündenfall und bei der Beobachtung, dass der Mensch ein Wesen ist, das ›nein‹ sagen kann, die Angst vor dem Nichts kennt und die Vernichtung, auch die Selbstvernichtung wählen kann. Das alles disponiert ihn dazu, auch für das Böse offen zu sein. So viel Freiheit hat er. Ein realistischer Blick in die menschlichen Abgründe ist nötig. Der Mensch bildet nicht nur Risikogesellschaften, er ist für sich selbst ein Risiko. Da wir aber frei genug sind, das Böse auch zu unterlassen, ließe sich das Risiko begrenzen. Freiheit lässt das Böse zum Vorschein kommen, Freiheit aber kann es auch, durch Unterlassen, im Zaum halten. Doch nie vollständig. Das ist der Kerngedanke des Buches. Es hat einen erzählerischen Gestus, führt durch das Labyrinth der Erfahrungen, die man mit dem Bösen macht. Eine Art Gespensterfahrt. Sie endet im Nationalsozialismus und bei Hiob. Zum Schluss eine »Coda«, wo ich ein wenig räsoniere wie Luhmann, freilich mit meinen begrenzteren Bordmitteln.

MM: Es ist ja auch eine Erzählung über das Menschenmögliche unter der Voraussetzung, dass wir auch in einer Welt leben, die, metaphysisch oder transzendent orientiert, solche Kategorien überhaupt zulässt. Und wenn wir vorher über das Negative gesprochen haben, kommt nun auch die Gegenposition ins Spiel, die berühmte philosophische Frage: »Warum ist überhaupt etwas und nicht vielmehr nichts?« Das heißt, man muss nach dem Etwas fragen. Wie kam das Etwas zustande? Das ist die Frage nach der Schöpfung oder nach dem Schöpfer, und daraus entwickelt sich natürlich auch wieder eine Spekulation darüber, was geschehen würde, wenn wir dies alles, das »Etwas«, letztlich auch wieder abschaffen könnten, mindestens das menschliche Leben, was uns ja im technischen Sinn seit der Atombombe durchaus möglich geworden ist. Dieser philosophisch-existentielle Diskurs hatte eine starke Virulenz, ich würde sagen: bis in die siebziger Jahre. Dann kamen die Naturwissenschaften und boten andere, gewissermaßen »realistischere« Antworten auf die Frage an.

MK: Das Buch stand damals, da hast du vollkommen recht, vor der großen naturwissenschaftlichen Erklärung von allem. Irgendwann kam das auch bei uns hier an, dass wir, um das große Ganze zu erklären, auch die Naturwissenschaft brauchen, sonst kommen wir nicht über bestimmte Hürden hinweg. Damals haben wir im Verlag darüber nachgedacht, ob wir nicht neben dem geisteswissenschaftlichen Programm auch ein naturwissenschaftliches Programm auflegen sollen, mit Carl Friedrich von Weizsäcker an der Spitze. Dass das die eigentlichen Bücher sind, die die Menschheit braucht. Ich weiß noch genau, wie uns damals die Frage bewegte, wie seltsam es doch ist, dass alle bedeutenden Physiker an einem bestimmten Punkt ihrer Forschung katholisch werden.

MM: Oder ein Gottesbedürfnis haben.

MK: Ein Gottesbedürfnis entwickeln. Das war ja bei allen so, von Eccles bis …

MM: Heisenberg und Weizsäcker.

MK: Das heißt, diese ganzen Datenmassen, die wir heute alle in null Komma nichts über uns produzieren können, erklären nicht die ungemütliche Tatsache, dass etwas im Menschen ist, das sich nicht domestizieren lässt. Es war eine dramatische Zeit, die Mauer fiel, alles löst sich auf und setzte sich neu zusammen. Plötzlich hieß es: Es gibt keine Kriege mehr. Große Überschrift in der *ZEIT*: Der Krieg ist vorbei. Wir gehen in ein neues Zeitalter. Dieses neue Zeitalter wird uns naturwissenschaftlich die Welt so ordnen, dass wir alle was davon haben. Diese große Illusion, die damals aufkam, war ein Bruch. Das hat sich dann schnell wieder ausdifferenziert, aber es war doch ein wichtiger Schritt. Und mittendrin stand plötzlich erratisch die Erinnerung an das Böse.

MM: Das war genau auch die Zeit, als nicht wenige glaubten, es sei fortan mit Konflikten und Kriegen im Prinzip vorbei. Ich schrieb damals für Hanser ein Buch über das Ende der Geschichte, aber mit einem klaren Fragezeichen. Dazu war für mich besonders interessant die Konfrontation des Theoretikers der Anthropologie des Bösen, Carl Schmitt, mit seinem Widerpart Alexandre Kojève, dem damals einflussreichsten Hegel-Interpreten des Endes der Geschichte. Für Schmitt waren die Voraussetzungen des christlichen Glaubens und damit auch des Sündenfalls unhintergehbar. Deshalb gab es seither auch das Böse, ja gerade das Böse. Schmitt war sozusagen der theologische Diagnostiker, während Kojève, der Geschichtsphilosoph, mit Hegel argumentierte, dass die Kategorie des Bösen – oder weniger dramatisch: des Kampfs – im Verlauf der menschlichen Geschichte hinfällig würde, weil der Kampf um Anerkennung fortschrittskonform schließlich einmal beendet, der Knecht zum Herrn geworden wäre: ein langer geschichtlicher und natürlich auch sehr widersprüchlicher Prozess.

Das war damals diese Diskussion, die natürlich auch viele Illusionen in die Welt gesetzt hat, nicht zuletzt in der amerikanischen Außenpolitik. Jetzt breitet sich ja eher wieder eine starke Ernüchterung aus. Wahrscheinlich geht es aber auch heute nicht mehr, dass ein protestantischer Pfarrer oder ein katholischer Priester wie der Père Paneloux in Camus' *Die Pest* von der Kanzel weg predigt, es gibt das Böse und ihr seid die Sünder, und vielleicht werdet ihr erlöst, vielleicht aber auch nicht. Das ist kein Modell mehr, oder?

RS: Nein. Das gibt es eben nicht mehr, im Protestantismus sowieso nicht mehr. Der hat durch opportunistisches Politisieren jeden Gedanken an das Böse, an die Sünde ausgetrieben. Man sollte sich daran erinnern, was das eigentlich bedeutete, als man religiös noch von der Sünde gesprochen hat. Das war eine wichtige Erfahrung, die vor jeder Selbstgerechtigkeit warnt. Was wir heute als Moralismus beklagen, ist diese Selbstgerechtigkeit. Von »Moralisieren« spricht man, wenn man das Gefühl hat, dass da zu viel Selbstgerechtigkeit im Spiel ist. Nehmen wir die Flüchtlingsthematik. Da lief jetzt drei Jahre eine Diskussion, bei der offenbar immer klar ist, dass jene, die für offene Grenzen sind, auf der Seite der Moral stehen. Diese Fraktion hat sich das Recht herausgenommen, jede Skepsis, jede Kritik ihrer Position als unmoralisch darzustellen. Schaut man näher hin, dann ist natürlich auch auf der Seite der Befürworter der unbegrenzten Zuwanderung Unmoral dabei, denn ein Gemeinwesen möglicherweise zu ruinieren ist nicht unbedingt eine moralische Tat, in Anbetracht der Tatsache, dass eine halbwegs stabile Gesellschaft, wie die unsere, ein Glücksfall ist, den es zu bewahren gilt. Kurz, der selbstgerechte Moralismus ist eine Folge des verlorenen Sündenbewusstseins. Andernfalls wäre man misstrauischer gegen sich selbst. Man ist eben nicht schon auf der guten Seite, bloß weil man im Meinungsgeschäft Moral für sich in Anspruch nimmt. Besser ist das letztlich religiös fundierte Bewusstsein, dass wir aus krummem Holz sind, wie Kant das nennt, dass es mit unserer Moral nicht zum Besten steht, dass ehrliche Anstrengung nötig ist und nicht bloß Worte.

MM: Was aber auch heißt: mehr Bescheidenheit.

RS: Mehr Bescheidenheit, mehr Ehrlichkeit.

MM: Mehr Reflexion über die eigenen Grenzen, worüber uns die Religionen früher ständig nachzudenken zwangen. Wenn man früher noch religiös sozialisiert worden war, manchmal auch im Übermaß, so gehörte als die Nachtseite dazu: das Schuldbewusstsein. Man musste schon in der Kinderbeichte furchtbare Dinge erfinden, die man gar nicht getan hatte, nur um vorzuzeigen, dass man die Kategorien von Gut und Böse auch lebte und damit – glaubend – auch wieder freigesprochen wurde. *Ego te absolvo peccatis tuis*. Das war schon ein spezieller Prozess. Aber wenn wir von den Ritualen der Gesellschaft sprechen, vom Gottesdienst in der Kirche: Heute ist das oft weitgehend eine Sozialveranstaltung. Schuld, Sühne, das Böse, das Gute, der Teufel, Christus, die Verdammnis, die Erlösung: alles filtriert bis verdunstet. Früher hingegen, jedenfalls in der katholischen Liturgie bis hin zur Wandlung, *Hoc est corpus meum*. Die unmittelbarste Begegnung mit Gott, die durch die Priester natürlich entsprechend inszeniert worden war. Und man hatte das Gefühl, jetzt habe ich wieder diesen Anschluss nach oben erreicht. Draußen war es hell, auch wenn die Sonne nicht schien. Das Herz wurde wieder weiter. Kann sein, dass ich das im Rückblick des Agnostikers übertreibe. Aber für Kinder war das trotzdem eine höchst ansprechende Sache. Eine Lehre über persönliche und gesellschaftliche Metamorphosen. Heute ist vieles Sozialtechnologie geworden. Die Moralisierung des Alltags nimmt hingegen rasant zu, besonders in Deutschland und in der Schweiz. Die Sünde erscheint als falsches Adjektiv, als »unheiliges« Verhalten. Wir leben zunehmend in einem säkular gewordenen Calvinismus. Schon Humor oder Ironie werden strafbar. Allerhand. Ich glaube allerdings nicht, dass wir das aufhalten können. Zum Glück reden wir hier hinter verschlossenen Türen. Niemand kann uns hören. Oder doch? …

MK: Nein, nein. Ich wollte gerade sagen, man darf bloß nicht den Fehler machen, sich etwas zu erträumen. Man muss diese Leere aushalten können, sonst wird man entweder ein blöder Eiferer, ein Besserwisser, oder aber man geht daran kaputt.

RS: Es gibt noch eine dritte Möglichkeit, für mich jedenfalls. Ich würde sagen, ich bin Transzendentalist in dem Sinne, dass ich den Fuß in der Tür behalte, damit sie nicht zuschlägt. Ich halte offen. In meinem Buch über das Böse benütze ich den Ausdruck »Transzendenzverrat«. Den sollten wir nicht begehen, auch wenn es Gott im Moment bei uns schwer hat, bei mir jedenfalls. Wenn ich aber auf die Geschichte der Religion hinblicke, beobachte ich einen Gestaltwandel der Götter durch die Menschen, die die Gottesbilder hervorbringen. Gottesbilder werden gespeist aus der Erfahrung des Heiligen. Diese Erfahrungen sind verschieden je nach der Kultur, und sie sind dem geschichtlichen Wandel unterworfen. Aber der Kern ist derselbe, es ist die Empfänglichkeit für das Göttliche. Das Offensein in diesem Sinne. »Komm! ins Offene, Freund!«, heißt es bei Hölderlin. Es ist dabei auch, mit Heißenbüttel, an den unbewölkten Himmel gedacht, aber doch noch an mehr.

Es ist mit Begriffen nicht hinreichend zu fassen, manchmal besser mit Musik und Poesie. Die Schrumpfform des Göttlichen als Moral, die hat uns der große Kant eingebrockt. Wir erleben jetzt gerade im Westen ein dramatisches Verblassen der Gottesbilder. Die trivialen Ersatzgötter haben Konjunktur, denn, wie Chesterton sagte, wenn die Menschen nicht mehr an Gott glauben, glauben sie nicht etwa nichts, sondern alles Mögliche. Also, behalten wir den Fuß in der Tür, sie sollte nicht zufallen! Das jedenfalls ist meine Einstellung dazu. Der Vertreter kommt, du willst ihn loswerden, er hält aber den Fuß in der Tür. Das wäre die Sache von der anderen Seite her gesehen. Meine Leidenschaft für die Literatur und Philosophie verdankt sich letztlich dem Verlangen nach einer überschreitbaren Schwelle.

MK: Es ist aber eine Verlagerung aus dem Religiösen in Literatur, in die Dichtung. Die Dichtung hat jedenfalls noch einen Zeh in der zufallenden Tür.

RS: Es lebt darin. Und wenn diese religiöse Restwärme auch aus der Literatur verschwindet, dann droht die geistige Langeweile. Darüber sprachen wir schon. Wir brauchen die transzendentale Öffnung, um die Wirklichkeit in einer anderen Beleuchtung, in einem weiteren Raum sehen zu können, befreit von borniertem Selbstbezug. Augustin nennt das die Verstocktheit in sich selbst. Ein wunderbarer Ausdruck für eine üble Sache. Der Ausdruck kommt heute kaum mehr vor, obwohl die Sache, die er bezeichnet, allgegenwärtig ist. Beunruhigend ist, dass diese Verstocktheit in sich selbst kaum noch als Gefahr empfunden wird, auch wenn sehr viele darunter leiden.

MM: Aber das ist genau das Problem, dass die Therapie extrem schwierig geworden ist, jedenfalls unser Modell vom Fuß-drin-Halten. Die Transzendenz und das Ästhetische sind nicht mehr skalierbar. Wir landen wieder bei Schiller und dessen *Briefen über die ästhetische Erziehung*. Am Schluss, so Schiller, sind es nur ganz wenige ausgewählte Zirkel, die das vielleicht noch irgendwie realisieren oder revitalisieren wollen und können. Damals mündete das in der politischen Romantik. Bei Novalis, bei Friedrich Schlegel. Heute lesen ein paar Versprengte vielleicht noch oder wieder Rudolf Borchardt. Tja, meine Herren, es ist schwierig geworden.

RS: Überall wird vor Ostern in den Kirchen die Matthäuspassion aufgeführt, und die Menschen strömen in Massen dorthin. Daran merkt man, dass es eine Sehnsucht gibt. Es gibt eine Sehnsucht nach Öffnung.

MM: Aber vielleicht sind wir einfach, gesamtgesellschaftlich gesehen, zu sehr von allen anderen Dingen umstellt und abgelenkt, um wenigstens diesen Existentialismus des Bedürfnisses wahrzunehmen, weil man ja doch in die Stille mit sich selbst gehen muss, um solche Dinge zu spüren. Oder die Leere, von der du gesprochen hast: Was mache ich daraus, was ist der Komplementärbegriff dazu? Ich glaube, da hat Heidegger schon früh etwas gesehen, nämlich die Verlorenheit an das »Man«, die jetzt extrem zunimmt. Auch wenn wir sprechen und lästern wie ein Klub böser alter Herren: Vielleicht oder vermutlich stimmt es einfach, dass durch die Digitalisierung und die Netzabhängigkeit alle diese Formen von Aufmerksamkeit oder auch die Bestrebungen auf sich selbst zurückkommen, um zu sehen, dass man zum Beispiel »verstockt« ist, dass also alle diese Möglichkeiten dramatisch schrumpfen. Womit wir auch noch bei der Globalisierung angekommen wären, denn die Digitalität ist ein überdeutlicher Ausdruck von Globalisierung: Ein einziges Netz teilt alle mit allen und alles mit allem. Wie kommt man damit überhaupt noch zu Rande?

RS: Ich persönlich komme damit zurecht, weil ich in keinen sozialen Netzwerken bin, ich twittere nicht, da ist mir meine Lebenszeit zu schade. Ich denke aber darüber nach und spüre die Folgen. Die Rundumvernetzung begünstigt Verhältnisse, für die gilt: Jeder ist wie der andere, und keiner ist er selbst. Ein treffendes Wort von Heidegger, das gerade heute Gültigkeit hat. Wahrscheinlich ist es immer schwieriger, ein Einzelner zu sein in diesem emphatischen Sinne, mit Lust auf seine Individualität, mit Lust auf das Sich-Unterscheiden, mit der Fähigkeit, auf sich selbst zu bestehen und nicht unterzukriechen und mit der Meute zu heulen. Ein Einzelner also durchaus in der existentialistischen Tradition, sich auf das Abenteuer des Lebens einzulassen. Was es mit dieser Art Einzelheit auf sich hat in der Epoche der Globalisierung – das war das Thema und Motiv meines Buches von 2003: *Wieviel Globalisierung verträgt der Mensch?* Es geht darin um den Gedanken, dass gerade wenn die äußeren Zwänge der Globalisierung zunehmen, es umso wichtiger ist, ein selbstbewusster Einzelner zu sein. Das ist übrigens das Thema meines nächsten Buches. Darin geht es auch um diesen dialektischen Umschlag vom Globalen zum höchst Individuellen. Globalisierung ist heute unser Schicksal, selbstverständlich. Doch was ist Individualisierung anderes als Sabotage des Schicksals! Die Weigerung, in der Kommunikation zu ertrinken. Sich nicht überschwemmen und fortspülen zu lassen. In der großen, allgemeinen Vernetzung die Lichtung suchen, den Abstand zu seinesgleichen.

MM: Seinesgleichen geschieht.

MK: Hast du je mit dem Gedanken gespielt, Kulturpolitiker zu werden? Wir reden immer über die Hoffnung, die Möglichkeit eines gelingenden Lebens und wie man solche Ideen verbreiten kann. Es wäre doch wunderbar, wenn du Staatssekretär oder Bundesminister wärest, dann hätten wir endlich mal die richtigen Fragen, nicht die Antworten, die richtigen Fragen auf der politischen Agenda. Bei aller Skepsis gegenüber den Pädagogen steckt in dir natürlich auch ein Pädagoge, der sagt: Ich möchte euch meine Vorstellung vom Menschen und der Welt mitteilen, denn dann würdet ihr glücklich werden. Da war nie eine Versuchung, ein öffentliches Amt zu bekleiden?

RS: Nein, dieser Versuchung bin ich während der Komödie meines Maoismus hinreichend erlegen. Wirken allerdings will ich schon, doch eher indirekt. Ich will nachdenken, ich will gut schreiben, es muss mir auch Vergnügen machen, es soll etwas entstehen, das auch wahrgenommen, gelesen wird. Eines aber weiß ich ganz genau: Die Wirkung ist dann am besten, wenn ich nicht aufs Publikum ziele, sondern wenn ich mit meiner Leidenschaft für die Sache und auch mit der spürbaren Lust des Schreibens überzeuge. Dann auch können die Leser Feuer fangen.

MK: Du redest auch gerne.

RS: Ich rede auch gerne. Man sagte mir auch, ich sei ein guter Pädagoge, ich war an der Schule für Erwachsenenbildung, vorher an der Uni. Gewiss, ich kann wohl ganz gut vermitteln. Ich mache das aber nur gerne, wenn ich von dem zu Vermittelnden selbst entflammt bin. Das muss nicht im zustimmenden, identifizierenden Sinne sein. Was die Wirkung beim Publikum betrifft, so gilt für mich: Man trifft am besten, wenn man nicht zielt.

MK: Wir reden jetzt schon zwei Tage um einen Brei herum, der eine große Negativität, eine große Leere, einen großen Mangel beschreibt, und da sitzt einer, der ein glücklicher Schriftsteller ist oder ein glücklicher Mensch, muss man sagen, Rüdiger Safranski, der über dreißig Jahre fünfzehn Bücher produziert hat, immer mit derselben Leidenschaft noch ein weiteres Buch plant und noch eins und noch eins. Gleichzeitig wissen wir, dass da eine Öffentlichkeit ist, die sich digital, global zurückzieht, die Selbstverhältnisse kaum noch ausbilden kann, die gerne bereit ist, noch einen Punkt tiefer in die Banalität zu fallen, die mit Leidenschaft die letzten Bastionen der heiteren Aufklärung aufgibt. Das ganze Fernsehen kannst du in die Tonne treten, das ganze Radio, alle diese wunderbaren Kommunikationsmittel, die wir hatten, die Zeitungen sind gefährdet, die Universitäten sind verschult. Wir schauen mit diesem Blick jetzt in eine große Wüste, und dann denkt man: So, jetzt muss man entweder zu einer Revolution aufrufen, oder aber man sagt, nein, es bleibt so. Ich treffe, wo ich nicht ziele.

RS: Michel, du hast über viele Jahre einen hervorragenden Verlag gemacht, natürlich mit guten Mitarbeitern. Der Hanser Verlag steht gut da in der Landschaft, und ich habe meine Bücher geschrieben, die gottlob auch nicht ganz erfolglos sind. Ich will damit sagen: Wir müssen selbstbewusst unsere Sachen gut machen, wie ein Winzer, der weiß, wie man einen guten Wein macht.

MM: Gut, gut. An Selbstbewusstsein fehlt es in diesem Zimmer wahrlich nicht. Das können wir schon einmal festhalten. Es wird uns dann auch aufgerechnet werden, *no worry*. Dass jeder seine Leistung bringt, ist ohnehin klar, sonst würden wir gar nicht hier sitzen. Aber der Winzer braucht auch das nötige Klima, und er kann den besten Wein machen wollen, wenn das Klima schlecht ist, dann ist nichts, Ausfall. Hinzu kommt tückischerweise: Ein schlechtes Jahr ist bei einem sehr guten Wein viel schlimmer als ein mittleres Jahr bei einem mittleren Wein. Das noch zur Önologie. Was mir weiter auffällt, wenn wir schon in der Negativität baden und uns immer wohler fühlen, ist ein weiteres Phänomen. Sagen wir so: In den sechziger, den siebziger, ja auch noch in den achtziger Jahren war die Streitkultur relativ gut etabliert. Natürlich gab es dogmatische Verhärtungen. Aber man hörte besser zu; schon deshalb, weil man den Verdacht hatte, vom Gegner etwas lernen zu können. Wilde Debatten, heftige Gespräche, im besten Fall Welthaltigkeit im Hin und Her der Argumente, und danach ein Bier. Heute habe ich den Eindruck, dass die Wissensbestände, die durch die Digitalisierung eröffnet wurden und laufend aufdatiert werden, wenig dazu beitragen, spannende Diskussionen zu befeuern, Lernprozesse in Gang zu bringen. Und was die sogenannten Lager betrifft: Man hat sich in den eigenen Filterblasen eingerichtet, sucht vor allem Bestätigung von seinesgleichen, will nicht gestört werden durch andere Positionen und Begriffe, und wer trotzdem als Störenfried oder auch nur als Widerpart sich artikuliert, wird entweder übergangen oder an den Pranger gestellt. Vereinfacht gesagt: Die Leute wollen eigentlich nur noch das hören, was sie eh schon glauben, und halten sich vorzugsweise in Gesinnungsgruppen auf, die das konsolidieren. Das sieht man bei den politischen Fragen in und zu Europa, man sieht es zum Teil auch bei den ästhetischen Fragen.

RS: Ich zweifle, ob das wirklich stimmt, ob es wirklich so war, dass wir zurückblicken können auf Zeiten, wo intensiver, offener und kontrovers diskutiert worden ist. Ich habe meine Zweifel, ob wir dabei die Vergangenheit nicht idealisieren. Gewiss, es gab um '68 zunächst erfrischend beherzte Debatten mit ganz neuen Gesichtspunkten. Bald aber kam die bleierne

Zeit des Dogmatismus. Darüber haben wir gesprochen. Welche Situationen stehen dir vor Augen, wenn du sagst, das war damals aber besser? Wann soll das gewesen sein?

MM: Ich denke an das intellektuelle Klima der späten sechziger, der siebziger, vielleicht noch der frühen achtziger Jahre. Natürlich konnte man die Großmutter nicht plötzlich mit Marx überzeugen. Zum Glück. Sie war eben standhaft und klug realitätsnah. Und: Das wollte man ja auch gar nicht. Aber es gab eine gewisse Bereitschaft, den anderen auch zuzuhören. Wenn Arthur C. Danto ein Buch schrieb über *Analytische Philosophie der Geschichte* und das Buch in Suhrkamps Reihe »Theorie« erschien, dann studierten auch Linke dieses Buch und seine Thesen. Das Gegenlager wiederum las die Frühschriften von Marx und lernte ebenfalls daraus. Im Übrigen musste damals nicht jeder ein Profi-Intellektueller sein, um die Debatten spannend zu finden und sich vielleicht irgendwie auch selber einzubringen. Plötzlich machten sich auch Ärzte oder Rechtsanwälte ihre Gedanken zur Theorie vom Mehrwert, mit dem sie ja *ex professione* auf gutem Fuße standen. Heute hat sich das auf andere Themen verlagert, und die Verunsicherung ist gestiegen. Die Verunsicherung über die Möglichkeitswelten trägt dazu bei, dass man Stabilität erzeugen will, indem man gesinnungs- und lebensmäßig lieber unter sich bleibt. Nehmen wir das Beispiel der Klimadebatte. Es ist ein fast schon lebensgefährliches Thema. Natürlich beschädigen wir den Planeten in einem bisher nie dagewesenen Ausmaß. Wenn man aber noch ein paar Zusatzfragen stellt, wenn man zurückschaut in die Erdgeschichte und in die

Geschichte unseres Weltalls und der Sonne, wenn man nach realistischen Alternativen im Energiebereich fragt, wenn man darauf verweist, dass im einen Land Kernkraft abgeschaltet werden soll, weil man immer noch Energie aus der Kernkraft eines anderen Lands importieren kann, und was der Dinge mehr sind, dann macht sich sofort der »Greta«-Effekt geltend. Man ist ein verantwortungsloser Hund oder ein Rechter oder ein Faschist oder ein Zyniker oder ein Spinner. Und diese »Schicksalsgemeinschaftsidentität« wird von sehr vielen Medien auch entsprechend befördert, so dass es für kritische Gegenfragen sehr eng werden kann.

RS: Konformitätsdruck empfinde ich auch sehr stark bei diesen Themen. Man hat wirklich das Gefühl, dass der Korridor der Meinungen, die für diskussionswürdig gehalten werden, enger wird. Das Klima ist ein schlechthin so komplexes Phänomen, dass es geradezu notwendig das elementare Bedürfnis nach Komplexitäts-Reduzierung wachruft, besonders dann natürlich, wenn es um lebenswichtige politische Entscheidungen geht. Hat man sich für eine der reduktiven Theorien entschieden, gibt das Sicherheit, die man dann mit Klauen und Zähnen verteidigt, wie ein Kirchendogma. Ähnliches lässt sich auch bei anderen Themen beobachten.

MM: Multikulturalismus ist ein gutes Beispiel.

RS: Die Flüchtlingsthematik auch, darüber sprachen wir schon. Europa habe ich auch schon erwähnt. Wer nicht einen Bundesstaat Europa will, sondern einen kooperierenden Staatenbund bevorzugt, gilt schnell als Europafeind. Es gibt Themen, und die werden immer zahlreicher, bei denen zieht sich die Diskussionskultur wie nasses Leder zusammen.

MM: So ist es leider. Das Thema »Europa« ist enorm politisiert, und das Wort vom »guten Europäer«, was immer er oder sie dann sein mag oder soll, geht den Politikern wie Honig über die Lippen. Das hat im Übrigen den sehr wesentlichen Nachteil, dass man intellektuell und politisch wenig vorbereitet ist, wenn es zu Disruptionen kommt. Nur ein Beispiel: Die »Gilets Jaunes« haben die Politik des französischen Etatismus völlig überfordert.

RS: Könnte das alles nicht auch damit zusammenhängen, dass in der Vergangenheit, als es noch die Ost-West-Spaltung gab, für eine kardinale Unterscheidung, auch zwischen Gut und Böse im politischen Sinne, gesorgt war? Hier der Westen, da der Osten. Jetzt hat sich der Ost-West-Gegensatz aufgelöst, und jetzt ist dieses Verlangen nach klarer und so schön übersichtlicher Konfrontationen vagabundierend geworden. Es dockt an den verschiedenen Themen an, Klima, Migration, Europa und so weiter. Die kirchenartig dogmatische Verdammung einerseits und andererseits das beruhigende Gefühl bei den Seligen, bei den Gutgesinnten zu sein.

MM: Eben. Es gibt einen Riesenfächer von Themen, den man aufführen könnte. Mobilität wäre ein Thema. Weiter: das ganze Gesundheitswesen oder was man isst und nicht essen darf, zum Teil bis zu Formen der Sakralisierung bestimmten

Verhaltens innerhalb von Communities, die sich dadurch auch definieren und Inklusion und Exklusion betreiben. Natürlich hat das auch damit zu tun, dass der von dir erwähnte Konflikt weggefallen ist. Für Deutschland und die Deutschen kommt noch etwas anderes hinzu. Nach 1945 musste dieses Land fundamental moralisiert werden. Es musste geistig und moralisch rechtens wieder aufgerüstet werden nach all dem Furchtbaren, ja Unvorstellbaren, was passiert war. Aber die Folge daraus war eben wiederum auch, dass das Politische als Anerkennung von Realitäten jenseits des guten Gewissens verdächtig gemacht wurde. Es wurden Tabus errichtet; schon Realpolitik, wie sie in anderen Ländern völlig selbstverständlich ist, wurde ins Zwielicht gerückt. Stattdessen Verständigung, der möglichst herrschafts- und machtfreie Diskurs, das Tun des Guten und so weiter – was allerdings nur bei längeren Schönwetterlagen einigermaßen funktioniert, nicht aber, wenn wieder Konflikte, Interessenpoker, schärfere Frontbildungen, Nationalisierungsbewegungen auftauchen.

MK: Das ist mit Sicherheit wahr, aber es muss auch dazu führen, dass man darüber hinwegkommt. Ich fürchte nur, dass die gegenwärtigen Kommunikationsmittel gerade das Gegenteil bewirken, dass wir mit diesem elektronisch schweifenden Geist etwas erfunden haben, das uns irgendwann sehr bald so total einengt und behindert, dass uns der freie Geist bald nicht mehr nützt, weil wir in jeder Sekunde daran denken, dass wir aus Daten bestehen, für den Arzt, für den Ernährungsforscher, für den Staat, für jeden sind wir ein Bündel von Daten, und irgendjemand kontrolliert diese Daten und rechnet damit. Umso mehr muss man doch in dieser jetzigen Situation das andere favorisieren, das freie Denken, das Lesen, die Kunst und so weiter. Aber das Gegenteil ist der Fall. Wir bezahlen wahnsinnig viel für die Kunst. In jeder deutschen Kleinstadt gibt es Drei-Sparten-Theater und Kunstvereine und weiß der Deibel was. Und gleichzeitig merkt man doch, dass das nicht mehr haftet, dass das alles zwar da ist und zur Verfügung steht, einen aber nicht mehr wirklich berührt. Wir sind alle vergleichsweise reich, leben in reichen Gesellschaften, und gleichzeitig haftet nichts mehr. Wie schlägt man aus dieser manipulierbaren Datenmasse jetzt wieder einen Funken, der in irgendeiner Weise die Selbstverhältnisse verändert? Das ist sehr schwer. Das wäre dein neues Buch.

MM: Genau. Wir sind gespannt.

RS: Unbehaglich ist die Vorstellung schon, als Datenquelle bei lebendigem Leibe ausgeweidet zu werden. Und ich weiß auch, welche ungeheure Macht das in einem totalitären System wie China bedeutet. Hierzulande bedeutet es zunächst totale Ökonomisierung. Penetration durch unablässige Werbung. Schlimm genug. Es ist mir lästig, ich sehe auch das Verkümmern der Menschen, die Schrumpfung von Individualität, aber ehrlich gesagt, für mich selbst empfinde ich es noch nicht als Katastrophe, noch verstört es mich nicht.

MK: Dich nicht. Du bist ja auch die Ausnahme. Aber wir reden von einer Gesellschaft, für die ein Schriftsteller wie du schreibt. Das ist dein großes Publikum, es sitzt vor dir. Mittlerweile ist es ein großes Publikum. Das liest deine Texte gerne, es möchte was damit anfangen, aber dieses Publikum selber ist schon ein so kontaminiertes, konditioniertes, manipuliertes Völkchen.

RS: In dem Moment, wo ich bei einer Lesung bemerken würde, dass die Mehrheit im Publikum mir nicht mehr zuhört, sondern auf ihr Smartphone blickt, würde ich dem Verlag sagen, wir lassen das. Ich mache mir schon auch Sorgen, dass die Fähigkeit überhaupt schwindet, genügend Konzentration und Aufmerksamkeit aufzubringen, um ein dickeres Buch lesen zu können. Ich wundere mich wirklich, dass immer noch dicke Bücher geschrieben und auch gekauft, vielleicht auch gelesen werden. In dunklen Momenten zweifle ich, ob die Fackel der Kultur wirklich weitergegeben wird. Das ist nicht selbstverständlich. Dann aber kommt mein »Trotz alledem« zum Zuge, und ich hoffe, dass es in meiner Lebenszeit wenigstens noch eine hinreichende Zahl von Leuten geben wird, die dem Geist, auf welche Weise auch immer, die Treue halten.

MM: Umgekehrt darf man sich von den sogenannten Optimisten nicht kriminalisieren und zum Feind der Menschheit stigmatisieren lassen, wenn man nämlich schlicht gewisse Warnzeichen wahrnimmt. Ich bin alles andere als ein Adorno-Anhänger und will das auch nicht in seiner Art beschreiben, aber es gibt durchaus Indizien, dass wir an einer ungeheuren Epochenschwelle stehen, jetzt, wo die technologischen Mittel ins Unabsehbare wachsen und alles, was gemacht werden kann, in der Regel auch gemacht wird. Dem sind wir ausgesetzt, auch und gerade bei den Themen Weiterentwicklung der Künstlichen Intelligenz oder der Genveränderung. Wenn wir exponentiell hochzurechnen versuchen, was bisher erreicht worden ist und was noch auf uns zukommt, dann können wir uns ausmalen, dass vielleicht in weniger als zwei Dekaden bereits neue Formen von Menschsein auf der Straße herumlaufen, die dann wahrscheinlich das, was wir noch feierlich unter Kanon und Klassik verstehen, kaum mehr erkennen. Es ist ihnen auch gleichgültig. Man darf bitte sehr als Kulturhistoriker daran erinnern, dass Niedergänge von Kulturen, Zivilisationen, Gesellschaften, Ländern, Städten eigentlich das Normale sind – und nicht umgekehrt. Es gibt auch keinerlei Gewähr dafür, dass wir immer klüger werden. Weshalb auch? Wenn Bildung noch ein Maßstab für Klugheit wäre, wäre das Gegenteil der Fall. Es hat vor nicht allzu langer Zeit sogar die an sich klar dem Fortschritt verpflichtete Wochenzeitung *Die ZEIT* auf ihrer Titelseite die Frage gestellt, ob wir nicht, jedenfalls in gewissen Bereichen, die für uns wichtig sind, wieder immer nur noch dümmer werden. Heitere Aussichten.

RS: Es bleibt uns immer noch die Möglichkeit, es gelassen hinzunehmen, dass wir immer weniger werden. Die Kirchen müssen sich auch darauf einstellen. Statt neidisch nach den vielen zu schielen, könnte man es mit dem schon einmal zitierten Bannspruch Stefan Georges versuchen: »Schon Eure Zahl ist Frevel.« Im Ernst: Vielleicht gehen wir wirklich einer Zeit entgegen, in der es nur noch eine handverlesene Schar von Lesern gibt. Dann gleichen Buchhandlungen geistigen

Delikatessgeschäften, wo Leute verkehren, denen Bücher noch etwas wert sind. Es muss nicht immer die große Zahl sein.

MM: Wir machen ja gar nichts anderes. Bisher war die sogenannte große Meute einfach der angenehmere Nebeneffekt für den Absatzmarkt.

MK: Nein, die Frage ist nur, wenn wir über diese Dinge reden, die uns hier beschäftigen: Ist das ein Abschied von der hergebrachten Kultur, oder ist es der optimistische Versuch, sich doch in irgendeiner Zukunft etwas Neues vorzustellen? Je subtiler die Sachen werden, desto mehr Abschied steckt drin.

RS: Wir sollten sagen: Die Literatur bleibt etwas Großartiges, auch wenn immer weniger daran teilnehmen.

MK: Ja, sicher.

RS: Da gibt es etwas Großartiges, und umso schlimmer für die, die nicht daran teilnehmen, die haben den Schaden davon. Wer die Literatur liebt, wer ein Liebesverhältnis zur Literatur hat, den muss das gar nicht so sehr sorgen, wenn da nicht so viele dabei sind.

MK: Klar.

RS: Ihr seid eingeladen, sollte man sagen. Schön, wenn ihr kommt. Wenn ihr fernbleibt, werdet ihr sehen, was ihr davon habt.

MM: Dann machen wir noch eine kleine Eintrittsklausur, ob sie es auch wirklich verdienen. Sonst sollen sie wieder twittern oder Golf spielen oder ihre vegane Küche bespielen, was ja auch viel Aufmerksamkeit und Liebe zu sich selbst erfordert …

RS: Denen drücken wir keinen Musil in die Hand.

MM: Höchstens Hermann Broch, *Die Schlafwandler*.

RS: Ja, allenfalls die *Schlafwandler*.

Das hier wiedergegebene Gespräch fand am 5. und 6. April 2019 im Carl Hanser Verlag in München statt.